美しい「所作」が教えてくれる　幸せの基本

枡野俊明

幻冬舎文庫

美しい「所作」が教えてくれる　幸せの基本

はじめに　——所作は、「智慧」を築くための礎《いしずえ》

以前、『禅が教えてくれる　美しい人をつくる「所作」の基本』という本を出版し、たいへんありがたいことに、多くの方々に読んでいただくことができました。

私のもとには、たくさんのお手紙や葉書が届きました。「美しさの意味を知りました」「毎日を丁寧に生きることの大切さを知りました」「美しく毎日を過ごす方法は、こんなにシンプルだったのですね」「自分の反省点がよくわかった」「すぐに実践できてうれしい」「人生のヒントになった」「子供たちにも伝えていきたい」「もっと若い頃に、この本に出会いたかった」……さまざまな声をいただきました。

正しい所作を知り、整えることで、みなさんが元気になったり、心安らかになって、美しく毎日を過ごしている様子が伝わってきて、私自身、いかに「所作」が大切か、ということをあらためて感じるに至りました。

さっそく、おさらいしますが、所作というのは、ちょっとした動き、立ち居ふるまい、身のこなしのこと。

たかが所作、と思うでしょうか。されど所作。

「所作は、その人のすべてを物語る」といっても過言ではありません。

その人の思いも、精神状態も、感情も、本意も、日々の生活の様子も、さらには、その人の過ごしてきた人生や、これまでの出会いや経験をも、すべてあらわしてしまうのが「所作」なのです。大げさにいっているのではありません。**あなたが積み重ねてきたもののすべてが、「所作」となって滲《にじ》み出てしまう**ことに、どれだけの人が気づいているのでしょうか。

ですからこそ、正しく美しい所作の基本を知り、日々、所作を整えることをおすすめしたいのです。ほんの小さなことが、生きているその時その時を輝かせ、人生を大きく彩ったり、いい方向に変えたりしてくれる力になるのですから。

「毎日はできそうにない」……そういう場合は、悩んで立ち止まったり、苦しくなったりしたときに、所作を整えることを思い出すところから始めてください。出口が見えない苦しみに喘《あえ》いでいるときこそ、所作を拠りどころにしてくだされば、必ず、闇から抜け、清々《すがすが》しい気持ちになることができます。

私が説く「所作」には、厳密なルールはありません。たったひとつの基準は、「美しいか否か」だけです。美しければ、それは正しい所作です。

○

ところで我々は、簡単に「美しい」という言葉を使いますね。では、いったい美しさとはなんでしょう？

美しいということは、「誰にとってもこころよいこと」だと私は思います。自分も心地よく、周りの人も心地よい。それが、美しさです。

美しいことは、自分の心を豊かにし、自信をつけてくれるものであり、同時に、周りの人の心を前向きにしてくれたり、融《と》かしてくれたりするもの。だからこそ、美しさにあふれた日々は、生活空間や自分自身を心地よく満たしてくれるばかりでなく、縁を紡ぐ力となって、仕事や人間関係も満たしてくれることになるのです。

ここで、もうひとつ覚えておいていただきたいのが、**美しいものほど、長い歴史をかけて築かれたものである**、ということ。人は長い歴史のなかで、知恵を絞り、工夫をして、「こころよい」環境を成すものを試し、探ってきました。気持ちのいいものや、人の心を惹きつけるものは、残り、続いていきます。そう考えたら、「美しいものとは、我々の先達の試行錯誤が結晶となって、贈られた宝物だ」といっていいのではないでしょうか。

○

私たちは時間に支配されています。しかし、その時間を美しく、幸せなものにするかどうかは、あなた次第、ということです。

時間の流れに逆らうことはできませんが、その一瞬一瞬を大切に生きるかどうかで、人生は大きく変わります。時間を大切にできる人は、真剣に生きられる人、美しい人生を紡いでいける人なのです。**多くの人に「美しい人生」を歩んでいただきたい。そのために、正しく丁寧に〝時間〟と向き合っていただきたい。そうして幸せを手にし**

てほしい。それが、今回、あらためて筆を執った理由です。

私はこれまでも何度も「所作」の大切さについて述べてきました。**所作というのは、“かたち”ではありますが、かたちの向こう側に深い“意義”があります。**そして、**すべての所作にはそれぞれ意味と歴史があります。**それを知れば、真に所作を身につけることができると信じて、できるだけ丁寧に説明したつもりです。

美しい所作は、あなたの智慧《ちえ》となります。

「智慧」は難しい字です。「知恵」という言葉と同じだと思っている方もいるかもしれませんが、**仏教で「智慧」というとき、「真理を明らかにして悟りを開く働きのこと」**をいいます。辞書を見ると、「煩悩《ぼんのう》を消滅させ、真理を悟る精神の働き」と説明されています。智慧を完全に得た存在が仏様です。私たちが悟りを開くまでに至るのは難しいことですが、少しでも智慧を持つこと（＝人生の真理を知ること）ができれば、生きることがラクになったり楽しくなったり、人生の意味を感じられて、日々が輝き始めることは確かです。

つまり、**正しい所作は、人生の真理を知るための小さな一歩。**小さい一歩ではありますが、その所作を重ねることで、「智慧」を築くことができるのです。**所作を重ねることでしか「智慧」は身につかない**といってもいいでしょう。

私は禅僧ですから、朝のお勤めを日課とし、坐禅もよくおこなっています。毎朝、「所作を整える」ことを意識します。毎朝、自分をリセットでき、たいへん気持ちよく毎日を過ごせることになります。坐禅は最適だと思いますが、坐禅の習慣のない方でも、「所作を整える」ことで、似たような精神経験を積むことができます。

さあ、所作を整えて、智慧を身につけましょう。智慧のある時間は、あなた自身を輝かせるだけでなく、あなたの周りも幸せにして、美しく満たされ、みんなが生きやすい世界をつくります。

目次

はじめに　5

序章
なぜ「所作」なのか

心の拠り所を求めてさまよう現代人を救うものが「所作」である　20
所作の一つひとつに「真理」があらわれている　24
生きている実感が得にくい現代生活で、「便利じゃなく丁寧」に生きる　27
正しい所作とは、当たり前のことを当たり前に、丁寧におこなうこと　31
まずはひとつ、〝確実に〟してみる　35

第一章

「所作」とは縁を結ぶためのものである

正しい所作で生活することが「縁」を結ぶ基本 38
縁はいつくるかわからない。
だからこそ、常に正しい所作で「よい縁」を迎える準備を 41
私たちの周りには縁だらけ。縁に感謝すれば、食事の正しい所作もわかってくる 43
「結果」にこだわる以前に、「その瞬間」に全力をかけることが大切 46
「お辞儀」の意味と所作　美しいお辞儀は、言葉より雄弁 49
挨拶の言葉と所作　「挨拶」とは、禅から生まれた 54
言葉の大切さと所作　美しい言葉を使えば、所作も自然と整う 58
あいづち、返答の所作　タイミングよく、心をこめたあいづちが、時間を明るくする 62

おもてなしの所作　打ち水、香り、お茶、見送り。
昔から日本人がしてきた「もてなし」を、きちんとしてみる　66
表情にも所作がある？　笑顔の力で、人間関係はうまくいく　71
手の所作　掌を相手に向ける。両手を使う　74
よい縁を迎えるために、その日の出発点「朝」を大事にする理由　77
「施し」とは何か？「もっとも簡単にできる施し」が、美しい所作　80
所作は生きる智慧である。古きよき所作を大切に　85

第二章
所作とは、感謝を知り、伝えるものである

食べることのありがたさを知る　食事を丁寧に丹念に味わえば、美しい所作になる　90
仕事ができるありがたさを知る　「輝ける場所」がどこかにあるわけではない。
自分が輝くのだ　94

生きているありがたさを知る　先祖からお預かりした命を、私たちは生きている　97
先祖への感謝の方法　「お蔭様」のほんとうの意味を知る　100
法要の意味と所作　親やご先祖様にきちんと感謝をする場が法要である　103
供養の意味と所作　故人と心を通わすことが供養の意味　109
お賽銭の意味と所作　お賽銭は、「させていただく」という気持ちでする　112
ものをいただく正しい所作　相手が見えなくても、心を受けとる気持ちで　114
精進料理の所作　精進料理には、簡素で美しい暮らしにつながるヒントがいっぱい　116
お箸の使い方　食べ物とお箸を大切に扱えば、自然と正しい使い方になる　119
よく嚙む。ひと口ごとに、お箸を置く　125
食器の扱い方　意外な盲点が多い、食器の扱い　128
ものの持ち方　三本指で支えると、見た目に美しい　131
包む所作①　風呂敷は心を包むもの　133
包む所作②　袱紗を使えば、心をさらにこめられる　136

第三章

所作とは、生きる意味を知り、生きる実感を得るためのものである

仏教とは、生きる意味を知ることであり、立ち居ふるまいのすべてが修行 140
人生に定年はない！ 所作を整えれば、日々は充実する 143
生とは、生ききること。生ききるためには、所作を丁寧に重ねていくこと 146
季節が巡ることを知る——朝の散歩と、旬の食材をいただくこと 149
朝の深呼吸と四方拝 151
毎晩が、自分のお葬式である——一日の区切りの所作を見つける 154
ビルから毎日夕日を見る——日々への感謝に気づける 157
働くことの意味 「はた」「らく」のは、自分のためでなく、他をラクにするため 160
姿勢を整えれば自信がつき、存在感が出る 163
日々の豊かさを知る所作① 毎朝お茶を丁寧にいれる 166

日々の豊かさを知る所作② 朝、そこにいない人にお茶を差し上げる習慣 168
日々の豊かさを知る所作③ いい茶碗を使う。「一流」に触れることで、自分自身が高められる 171
日々の豊かさを知る所作④ 鉄瓶のある暮らしで、キッチン全体が美しく変わる理由 174
日々の豊かさを知る所作⑤ 電子レンジで「チン」は最小限に——時間をかけて調理をする理由 177
季節の行事の意味 季節の行事は自分をリセットする節目。おろそかにしない 180
衣替えを、見直す 184

第四章 所作とは、自分を律するためのものである

自分を律する人は、美しい。「律する」には、まず姿勢を整える 188
正しい姿勢や呼吸のコツをつかむには、坐禅 192

なぜ、〝座る〟のか？——「成果を期待しない」という境地へ　199
坐禅のとき、なぜ「印」を結ぶのか？——心を整える「印」　203
無心はいかにして得るか？——ひとつずつピリオドを打ち、溜め込まない　208
ゆっくり動く。「間」をとる　210
しゃべりすぎない。沈黙の意味を知る　213
時間を大切にするための所作　複数のことの「ながら」が、時間を無駄にする　216
瞬間を制するための所作　勝負の時こそ、「呼吸」を見直す　218
欲を律するための所作　ひと呼吸の数秒間、「ほんとうに必要？」と問いかける　221
乱れた生活リズムを正す所作　そんなときこそ、「いつもどおり」のことをする　225
感情を制する所作　怒らない。カッとなっても、いいことはない　228
気持ちを切り替える所作　心がとらわれたら、「まず動く」　230
掃除をする所作①　綺麗に見えるものも磨く　232
掃除をする所作②　見えないところほど、掃き清める　236

後始末や片づけは、次の時間を美しく過ごすための準備である 239
シンプルに生きる――「湯豆腐」に学ぶ、真の贅沢 242
自分の部屋に、小さな枯山水をつくる――そのときの心模様がわかる 245

おわりに 248
文庫版あとがき 252

イラスト 根津あやぼ
構成協力 吉村 貴

序章

なぜ「所作」なのか

心の拠り所を求めてさまよう現代人を救うものが「所作」である

心が渇いています。

現代人に共通しているのはそのことではないでしょうか。我欲同士がぶつかったり、自分の権利ばかりを主張したり、といった風潮が蔓延《まんえん》しているのも、その〝渇き〟が大きな原因になっています。

いまの社会をよく見てみると、豊かでうるおいのある心を失わせる要素がいっぱい。長く続く経済悪化、景気低迷のなかで、日本企業は自信を失い、生き残るために極端な合理主義に走っています。

必要なときだけ派遣や非正規で人を雇い、必要がなくなれば容赦なくリストラする。

一流大学を出て上場企業に就職しても、いつ人員整理のリストに加えられるかわからない。会社のためにと思って懸命に働いていても、M&Aでその会社自体が変わってしまうことも珍しくありません。

企業の合理主義は個人主義を加速します。かつての日本企業はチームで成果を上げることを得意とし、それが特徴にもなっていました。チームで情報を共有しつつ、それぞれが自分の持ち場で能力を発揮することで、一体となって大きな成果を上げてきたのです。

ところが、いまは個々バラバラ。自分の実績のためには情報を抱え込み、仲間を出し抜くことだって厭《いと》わない。チームは完全に寸断され、「自分さえよければ……」という個人主義がぶつかり合う集団になっています。

企業に対する信頼も、仲間に対する信頼も失われているのが、現代人の実情だといってもいいのではないでしょうか。信じられるものがどこにもない、心の拠《よ》り所が見つからないのです。しかし、それでは**生きている実感が得られないから、拠り所を求めて心がさまよっている。さまよいながら心は渇いていく……。**

しかし、時代の経済状況やときどきの人間関係は変わっていくものなのです。経済が悪いから、人間関係が希薄だから「心の拠り所が見つからない」と嘆くのは、〝言い訳〟にすぎません。

変わっていくものは拠り所にはならない。まず、そのことを知ってください。

「そうはいっても、世の中に変わらないものなんかないじゃないか」

そんなことはありません。時代がどんなに変わっても、永遠不変なものがあるのです。四季を思ってみてください。寒さを和らげるそよ風とともに春が訪れ、木々の緑が色濃さを増すと夏がやってくる。風が涼やかに変わると秋の気配が漂い、葉が色づき始めると冬が近づいてくる。

時代が変わろうが、社会が変わろうが、経済が変わろうが、四季は変わることなく〝必ず〟巡ってきます。私たち人間のはからいなど及ばない自然の法則ですが、これこそ**永遠不変なもの、変わることのない大宇宙の「真理」**なのです。

時代によってさまざまに変わる人間関係にも真理はあります。あの東日本大震災では、根絶やしにされた故郷にあって、すべてを失ってなお、感謝を語り、他人を思いやる人々の姿がありました。その光景が教えてくれました。〝絆〟の大切さ（美しさといってもいいですね）は、時代や状況を超えて変わらないもの、普遍的なものである、ということを。——これも真理です。

大事なことは、そうした真理に気づき、それを心の拠り所にすることです。変わらないものに拠って生きていれば、時代や社会に振りまわされることはない。どっしりかまえ、心豊かに生きられるのです。

「人を相手にせず、天を相手にせよ」

これは西郷南州翁《なんしゅうおう》の言葉ですが、禅的に解釈すれば、「人」とは、常に変化するものをあらわし、「天」とは、永遠に変わらざるもの、すなわち、真理を意味しているのだと思います。南州翁がいわんとしたのは、真理を見つめ、真理と向き合って生きなさい、ということだったのでしょう。

そのためのカギを握っているのが「所作」なのです。それについては次項で詳しく説明することにしましょう。

所作の一つひとつに「真理」があらわれている

禅語に「現成公案《げんじょうこうあん》」というものがあります。その意味は、すべてのものに仏性があらわれている、ということで、それに従って悟りを実現することです。仏性は真理そのもの。**私たちの存在、その一挙手一投足、つまり、あらゆる「所作」に真理があらわれているのです。**

もちろん、何も分け隔てしないのが禅の基本的な考え方ですから、所作がどうであろうと、そこに真理があらわれていることに変わりはありません。しかし、こんなふうに考えたらどうでしょう。

禅ではしばしば真理を月になぞらえます。その月を映し出すのが水。大海にも、川面にも、湖沼にも、月は映し出されます。しかし、その様子は違っています。たとえば、荒れ狂う海に映し出された月は、かたちがさまざまに乱れ、それとはわからないかもしれない。濁った川に映し出された月は、鈍い光のものとなるでしょう。澱《よど》んだ湖沼に映し出された月は、澱みを抱えてそこにあるのです。

やはり、月の姿がくっきりと、美しく映し出されるのは、澄みきった水面ではないでしょうか。

所作にも同じことがいえます。そこには等しく真理があらわれているとはいえ、姿はそれぞれに違うのです。荒々しい所作には荒々しい姿で、怠惰な所作には怠惰な姿で、ぞんざいな所作にはぞんざいな姿で……真理はあらわれています。

いい、悪い、ということではありません。所作と真理との関係はそのようなものだということです。

所作を整えるということは、整った姿の真理を現じていくことです。もう少しわかりやすくいえば、真理が露《あら》わになった生き方をすること、素直に真理を受けとって生きていくこと、といっていいかもしれません。

さあ、そんな視点から、あらためて所作について考えてみてください。すると、所作の深い意味が見えてきませんか？

生きている実感が得にくい現代生活で、「便利じゃなく丁寧」に生きる

現代人は総じて便利な生活を送っています。かつては「暑さ寒さも彼岸まで」という言葉であらわされるような、日々、自然を感じる暮らしがあったわけですが、それもいまは、便利さのなかに埋没しています。

便利でラクな生活といえば、いいことずくめのようですが、はたしてそうでしょうか。**生きている実感を得るという面では、便利さは少々、やっかい**という気がするのです。たとえば、暑さに噴き出した汗を拭い、寒さに身ぶるいする。それが生きている実感、つまり、命を感じるということです。どこもかしこも冷暖房完備では、実感は薄まるばかり、命を感じる機会は遠のく一方です。

エレベーターがなかった時代には、階段をわが足で昇り、「ふう〜、やっと五階までできたか」とすっかり上がった息に、命を感じたものですが、高速エレベーターで運ばれるいまは、三〇階だろうが、六〇階だろうが、息ひとつきれることもなく、そこにいるという実感が湧きません。

もちろん、便利さを謳歌することが悪いというつもりはありませんが、**元来、人間は怠け者にできています。**水が低きに流れるがごとく、人は怠惰に流れます。ラクなほうへラクなほうへ、と行ってしまいがちなのです。

三日間も放っておいてうずたかく流しに積み上がった洗い物を、「しょうがないから、そろそろやるか」と食器洗い機に放り込む。部屋の掃除も、埃《ほこり》が目立つようになってから、ようやく、勝手にやってくれるロボット掃除機のスイッチを入れる。そんな生活を送っている人も少なくないかもしれません。そうして、生きている実感を、命を感じる機会を失っていく。

「而今《にこん》」という禅語は、**「いま」という時間を絶対なものとして、大切にしなさい、**と教えています。**命を感じて生きなさい、**ということだといってもいいでしょう。便利さにかまけ、怠惰に流れていく生き方は、この教えと真っ向から対立するものだといえます。

そろそろ、歯止めをかけませんか？　命を感じる機会の少ないこの時代だからこそ、それを感じて生きることが尊いのです。もちろん、便利さをすべて手放さなければそういう生き方ができない、ということはありません。

キーワードは「いま」です。

「いま」がかけがえのない時間だということに気づいてください。**怠惰に過ごした「いま」も、なおざりに送った「いま」も、二度と戻ってくることはありません。**確実に移ろっていくのです。それが仏教でいう「無常」です。

やり直しのきかない「いま」だからこそ、そこに全力を投入することが大切。命を感じることが必要なのです。一瞬一瞬を丁寧に生きることです。美しい時間を紡ぐことです。**常に整った所作で、そのときどきの「いま」に臨む。**おそらく、丁寧に生きるとはそういうことだと思います。

臨《りん》済《ざい》義《ぎ》玄《げん》禅師のこんな言葉があります。

「随処《ずいしょ》に主《しゅ》となれば立処皆真《りっしょみなしん》なり」

随処に主となるというのは、どんなところにいても、正しい所作で「いま」を生きるということです。すると、自分の世界を持った生き方ができる、主人公になれる。そして、そこにはくっきりと真理を映し出した自分がいる、といった意味でしょう。
さあ、所作の意味はますます深まったでしょうか。

正しい所作とは、当たり前のことを当たり前に、丁寧におこなうこと

ここで疑問が湧いてきたかもしれません。

「ところで、整った所作、正しい所作って何？」

辞書を引けば、ふるまい、おこない、身のこなし……といった解説がなされています。しかし、仏教でいう所作はもっと幅広く、奥深い世界を表現したものだ、といっていいでしょう。曹洞宗大本山永平寺の貫首《かんしゅ》をつとめられた宮崎奕保《えきほ》禅師の言葉にこんなものがあります。

「あるべきものが、あるべきところに、あるべきように、ある」

さすがは禅の言葉！　わかるようでさっぱりわからない、という印象ですか？

この言葉が意味するのは、自然の姿ということです。禅では「余ることとなく、欠くることとなし」という言い方もしますが、**余計なものも、足りないものもなく、満ち足りている姿、それが自然の姿**ということ。本来、すべてのものはそういうふうに存在している、とするのが禅の考え方です。

道元禅師は四年半にわたって南宋時代の中国に渡って修行をされましたが、帰国して日本の土を踏み、最初にいわれたのが**「眼横鼻直《がんのうびちょく》、空手還郷《くうしゅげんきょう》」**という言葉だったとされています。

眼は横についているし、鼻は真っ直ぐ（縦に）ついている、というわけです。当たり前の自然の姿ですが、それでなんの過不足もない。眼はもう少し斜めにつけてくれたほうがいい、鼻は少しばかり曲げてもらったほうが……などとは誰もいわないわけでしょう。あるがまま、そのままで、「余ることなく、欠くることなし」なのです。

そのことに身体で気づくことが〝悟り〟そのもの、気づいたらそれで絶対だ、というのが道元禅師の言葉の意味するところだと思います。ですから、「空手還郷」、一巻の経典も、ひとつの仏像も、法具も、何も携えずに、禅師は還ってきたのです。

さて、まえおきが長くなってしまいましたが、先の言葉に倣《なら》えば、所作についてこんなふうにいえるかもしれません。

「なすべきときに、なすべきところで、なすべきことを、なすべきように、やる」

これもまた当たり前のこと。しかし、その当たり前のことのなかに、整った所作、正しい所作があるのです。

中国唐代の趙州従諗《じょうしゅうじゅうしん》禅師と弟子とのあいだのこんな問答が伝わっています。「悟りとはなんですか？」と問われた趙州禅師はこういったというのです。

「ごはんは食べたか？」

「鉢（食事をする器）は洗ったか？」

弟子が「はい」と答えると、禅師は「そうか。それでいい」とのみいったとされています。

当たり前のことを、当たり前に、心をこめて丁寧におこなう。それが悟るということであり、整った所作、正しい所作でもあるのです。

みなさんはお茶会に参加したことがあるでしょうか。茶道のお点前《てまえ》は美しい所作の見本です。しかし、その流れはまさに「なすべきときに、なすべきところで、なすべきことを、なすべきように、おこなっている」だけです。余計な動きはいっさい削ぎ落とし、かといって足りない動きもない。**「余ることなく、欠くることなし」**です。それが究極まで簡素でありながら、どこにも非の打ちどころのない所作になっている。

誰にでも、どんな瞬間にも、どんな場所でも、なすべきことがあります。それがどんなに些細《ささい》なことであっても、一所懸命やることです。

「ちょっと、お茶いれてくれる?」オフィスでそんな声がかかったら、「自分でいれてよ!」なんて思わずに、心をこめて丁寧にお茶をいれるのがいい。その所作は、必ず、美しいものとして周囲に受けとめられます。「○○さんにお茶をいれてもらうと、心まであったまる気がするよ」といった評がどこからともなく上がってくるはず。

お釈迦様の高弟であった舎利弗《しゃりほつ》師にこんなエピソードが残っています。まだ、お釈迦様に弟子入りしていなかった舎利弗師は、すでに弟子であった阿説示《あせつじ》師が乞食《こつじき》(托鉢)する姿を見て、その所作の美しさに感じ入り、弟子入りを決めたというのです。

所作には、人に帰依を決意させる「力」さえある。すごいと思いませんか?

まずはひとつ、〝確実に〟してみる

禅には「一息《いっそく》に生きる」という言葉があります。誰でも、何をしたらいいのだろうとか、どんな生き方をするべきなのかとか、考えることがあると思います。将来に思いを致したり、人生を思索したりするのはいい。そのうえで禅は、一息に生きる、といいきるのです。その意味は、ひと呼吸するあいだにもやるべきことはある。それをやりきることが大切だということです。考えてみれば、**一日は一息のつらなり**です。一息、一息がつらなって一日になる。一年だって同じ。さらに人生も一息が連綿とつらなってきた結果としてあるのです。

ひと呼吸するその一瞬をおろそかにしない。それが禅の行動原理、所作の基本です。

「このところ生活が乱れてきちゃった。きちんとしなきゃいけないなぁ」

　思いあたるフシがある、という人、少なくないのではありませんか？　そんなときに、一念発起して考える。どういう手順で乱れを正していこうか、と〝綿密〟な計画らしきものを立てたりしますね。

「まず、朝は七時には起きて、朝食はしっかりとろう。問題は夜だな。連夜の飲み会はまずい。よし、週に二回に抑えるぞぉ」

　その心意気やよし、ですが、おそらくは計画倒れに終わります。一息に生きる、というのは、きちんとするためにあれこれ考えを巡らすのではなく、**すぐに動いて（所作に移して）、〝ひとつ〟きちんとしてみる。**朝七時に起きるということなら、そのひとつのことを確実にやる、ということです。

　部屋を片づけるのでも、「う～ん、どこから手をつけるかな」と腕組みしている時間があるなら、さっさと足元のゴミを拾う。それが一息に生きる、ということであり、禅の所作なのです。それを倦《う》まずに繰り返すことによって、美しい時間が積み重ねられ、生活も美しく整い、あなたも、あなたの人生も輝いてきます。

第一章

「所作」とは縁を結ぶためのものである

正しい所作で生活することが「縁」を結ぶ基本

「因縁《いんねん》」という言葉は誰でも知っています。その一般的なイメージは、〝因縁の対決〟〝因縁をつける〟などの言い方が真っ先に思い浮かぶように、どこか禍々《まがまが》しさを感じさせるものかもしれません。できれば、因縁からは離れて穏やかに生活したい、というのが正直なところではありませんか?

しかし、因縁の本来の意味はまったく違います。禅(仏教)の根本原理ともいうべきもの、それが因縁なのです。**すべてのものごとには「(原)因」があり、そこに「縁」が訪れて、因縁が結ばれ、その結果としてものごとが生じている。**それが禅の基本的な考え方です。

春になると花々が美しく咲きそろいます。花を開かせるのは春風。大きくふくらんだ蕾《つぼみ》が一陣のあたたかい風の訪れによって弾け、開花するのです。ふくらんだ蕾が「因」、春風は「縁」です。ただし、花はいっせいに開くわけではありませんね。

咲く寸前にまで大きく大きくふくらんでいた蕾だけが、風を確かに感じ、それと結びついて、開花することができるのです。春風という縁はどの蕾にも同じように吹きます。その縁に気づき、逃さず、結びつくには、因が整っている、つまり、結びつくための準備をしている、ということが大事。準備を怠っていたら、風はただ吹き過ぎてしまいます。

私たちが人生で経験するあらゆることも、同じように因と縁が結ばれた結果なのです。たとえば、仕事にしても、うまくいくこともあれば、思うような成果が得られないこともあります。チャンスを的確に捉え、活かせることもあるし、せっかくそれがやってきているのに気づかず、見過ごしてしまうこともある。

成否を分けるのは「運」や「ツキ」などではありません。準備をしているか、いないか。すなわち「因」を整えているか、いないか。それがすべてだといっていいでしよう。

「善因善果《ぜんいんぜんか》」「悪因悪果《あくいんあっか》」という言葉を聞いたことがありませんか？　文字どおり、よい因があってはじめて、良縁が結ばれ、よい結果が得られるし、悪い因をつくってしまったら、そこに悪縁が生まれ、悪い結果しかもたらされない、というのがこの言葉の意味です。さらに、**「自因自果《じいんじか》」**という言葉もある。いまある結果はすべて自分がつくり出している、ということです。

ここでいう「因」は行為、おこないのこと。常に準備をしているということは、よいおこないを積み重ねていくことであり、所作を整えること、正しい所作で生活することだ、といっていいでしょう。一方、準備を怠るとは、ただなんとなく日々を費やしている、といった生活。それでは縁も時間も流れ去ってしまいます。

「縁」は誰にでも平等にやってきます。準備をしていれば、必ずよい縁に気づき、それをしっかりつかまえて、すばらしい結果につなげることができるのです。

縁はいつくるかわからない。だからこそ、常に正しい所作で「よい縁」を迎える準備を

いい出会いがあって、おたがいに信頼できる人間関係が築かれた。それも縁です。恋人でも、あるいは友人でも、会社の同僚や先輩でも、そんな関係にある人のことを思い浮かべてみてください。

「あの人との縁はいつ結ばれたのだろう？」

いつとはなしに縁は結ばれます。そう、**縁というものは、いつやってくるかわからないのです。**確かなことは、そのとき、相手もあなたも縁を結ぶための準備ができていた、ということ。

ここは大切なところです。「**歩《ほ》歩《ほ》是《これ》道《どう》場《じょう》**」という禅語があります。どこの場所も自

分を磨く道場であり、何をしていようと人生の歩みの一歩一歩が修行なのだ、というのがその意味。言葉を換えていえば、どんな一日もなおざりにしない、どの一瞬にも心を尽くす、ということです。

縁を結ぶ準備をしておくとはまさにそういうことだ、と思います。なんだかとてもたいへんなことのような気がするかもしれませんが、所作という観点から考えたら、そう難しいことではありません。

たとえば、脱いだ履き物をきちんとそろえる。禅では「脚下照顧《きゃっかしょうこ》」といいますが、その所作が、自分の足元を見つめることになり、その一瞬に心を尽くすことにもなるのだ、という意義を説いているのです。そのように生活のあらゆる場面で所作を整えていく。すると、自然に準備ができ、縁が結ばれていきます。**よい縁を結ぶためには、とにかく、正しい所作を実践することです。**

禅はあくまで〝実践〟ですから、行動、所作をもっとも重んじます。**立ち居ふるまいを美しくする正しい所作には、縁を引き寄せる力ばかりでなく、心を美しくしなやかに整える力もある、**ということも、ぜひ、知っておいてください。

私たちの周りには縁だらけ。縁に感謝すれば、食事の正しい所作もわかってくる

もう少し、縁ということについてお話ししましょう。私たちはさまざまな縁に取り巻かれながら生きています。レストランに入って食事をするとき、運ばれてきた料理を当たり前のように食べていると思いますが、たとえば、つけ合わせのキャベツひとつだって、たくさんの縁のつらなりがあってこそ、私たちの口に入るのです。

産地である地方の生産者農家では、何千、何万個のキャベツを育てるわけですが、そのあいだには畑を耕し、種を蒔《ま》き、水や肥料をやり、草取りをする……といった作業があります。一粒の種はそうした多くの縁を得て、立派なキャベツとして収穫されるのです。

それらが出荷され、店舗に並ぶまでにも、いくつもの縁が介在していますし、並んだキャベツのなかからレストラン側が気に入ったものを選び、購入するというところにも、縁は働いています。

もとをたどれば、何千、何万個のキャベツのなかの一玉、その一玉を刻んだ、そのまた一部が、目の前のテーブルに置かれているのです。縁のつらなりがあってこそだとは思いませんか？

見えない縁に気づく。そんな視点を持つと、私たちは縁によって生かされているということが実感されます。いただいた縁に感謝する気持ちが生まれる。米一粒、キャベツの一片だってぞんざいに扱うことはできませんね。

その感謝をかたちにしたもの。それが食事の所作の原点だといっていいでしょう。

禅には「喫茶《きっさ》喫飯《きっぱん》」、すなわち、お茶を飲むときは飲むことだけに、ごはんを食べるときは食べることだけに、ひたすらつとめ、お茶やごはんと「ひとつになれ」という教えがあります。

縁を感じながら、感謝の心でゆっくりとよく噛みながら、食材の一つひとつを味わう。そうした所作は、その禅の教えとどこかでしっかりとつながっているような気がします。

私たちの生活のなかで、食事の時間は非常に大切です。食事の所作の意味、きちんと理解しておきましょう。

「結果」にこだわる以前に、「その瞬間」に全力をかけることが大切

仕事でも人生でも「目標」を持つことが大切だといわれます。もちろん、目標は自分を行動に駆り立てるモチベーションになる。ですから、はっきりした目標を設定するのはいいのですが、ともすると、それが結果ばかりを追い求めることになりかねないのが、少々、気がかりです。

営業関係の仕事をしている人は、とくに成果が数字であらわれますから、その落とし穴にはまりがちなのではないでしょうか。「月間売上目標〇〇台」。そんな目標を掲げたとたん、とにかく結果を出さねばという考えだけが頭を占領してしまう。禅的にいえば、それは結果にとらわれている姿です。

するとと、結果のためにはなんでもしてやる、という気持ちになってくる。いわゆる「売らんかな」の姿勢ですね。そこで何が起こるでしょう。顧客に対して強引なアポイントのとり方をすることになるかもしれないし、商品説明の際、スペックに下駄を履かせるかもしれない。躊躇《ためら》っている相手を巧妙なセールストークを駆使して説き伏せ、半ば押しきるように契約させてしまう、といったこともないとはいえません。まさに、あの手、この手の総動員です。

このときの立ち居ふるまいや繰り出す言葉、つまり「所作」は、すべてが〝手段〟になっています。たとえ、深々と頭を下げても、相手に笑顔を向けても、寸分の隙《すき》もない敬語を使っても……それが売らんがための手段であったら、相手の心に響くでしょうか。そこに縁が生まれると思いますか？

どんな所作も、何か（結果）のための〝手段〟ではないのです。一つひとつ、その瞬間に全力を傾けておこなうべきもの、それが所作です。頭を下げるなら下げることに、商品の説明をするならそのことに、笑顔で向き合うならそのことだけに、心身のすべてを投げ入れる。それでこそ、その時間が美しいものとなり、「縁」の端緒が拓《ひら》かれるのだと思います。

「遊戯《ゆげ》三昧《ざんまい》」という禅語があります。遊びに徹し、遊ぶことだけに没頭しなさい、ということです。遊びは何かのためにするものでもないし、何ごとかをなす手段でもありません。遊ぶことそれ自体が〝めあて〟なのです。所作もそうあるのが理想ですね。

結果はあくまであとからついてくるものと考えるのがいい。仮に思うような結果が得られなくても、**自分のおこなってきた一つひとつのふるまい、所作に納得できたら、揺るぎない自信が持てます。**

「あんなに調子のいいことばかり並べ立てちゃったけど、クレームなんかきやしないだろうな……」

手段に徹して結果を出したあとで、そんな思いに苛《さいな》まれるのとは、雲泥の差です。

自信があると胸も自然にはれるようになるし、背筋もピンと伸びて**ふだんの姿勢も美しくなる。人間として輝いてくる**のです。縁を引き寄せるための準備態勢も、確実にひとつレベルアップしていきます。

「お辞儀」の意味と所作

美しいお辞儀は、言葉より雄弁

「礼に始まり礼に終わる」というのは儒教の理念だと思いますが、スポーツの世界、とりわけ柔道、剣道など、単に技倆《ぎりょう》を競うだけでなく、生きる意味をそこに見出そうとする「**道**」**がついた競技の世界**では、もっともこの精神が大切とされます。事実、剣道では、一本を取っても、ガッツポーズをしたら一本が取り消されるというルールになっていると聞きます。

私たちの日常で礼を示す所作といえば、まず「お辞儀」でしょう。しかし、昨今は美しいお辞儀に出会う機会がめったにない、という気がします。首だけをちょっと傾けてすませている、といったことが多くありませんか？

お辞儀は、いうまでもなく、相手に対する敬意をあらわす所作ですが、もともとは「私はあなたの敵ではありません」ということを示すものでした。深々と頭を下げれば、首の後ろがまったく無防備になります。最大の急所を相手の前にさらすわけですから、命を差し出すという意味あいがあったのです。

相手に自分の手が見えるように身体の前で組むのも、危害を及ぼすようなものは何も持っていない、ということを表現するものでしょう。

常に刀を携えていた武家社会では、一刀のもとに切り落とされることだってないとはいえなかった。まさしく〝命がけ〟の所作です。それゆえに、相手に対する最高の敬意がそこにこもっているのです。

このように、お辞儀は真剣な「所作」です。そのお辞儀を蔑《ないがし》ろにするのは、連綿と受け継がれてきた日本のすぐれた伝統的気風を貶《おとし》めることになる、といっても決して過言ではありません。ですから、お辞儀の本来の意味を、ぜひ心のどこかにとめておいていただきたいのです。

相手が初対面なら、**お辞儀は第一印象を決定する大きな要素**になります。一度刷り込まれた第一印象は、なかなか消えないもの。人物評価のかなりの部分を左右するのは、その第一印象です。

ぞんざいなお辞儀をして、「なんか、いい感じしないな。最近、ヒット商品を出したからって、こちらを見くびっているんじゃないのか」

そんな第一印象を持たれたら、払拭するのは大変です。たとえ、仕事のスキルが高くても、いい関係になるのは難しい。**「縁」が芽吹くのは〝スキル〟の耕地ではなく、〝礼節〟の耕地**だからです。

相手と真っ直ぐに向き合い、腰をしっかり屈《かが》め、首筋と背中が一直線に伸びた、**美しいお辞儀は、通り一遍のお世辞や社交辞令などよりはるかに雄弁**です。相手に対する敬意、信頼、感謝……が無言のうちに伝わるのです。

すでにつきあいのある相手に対しても、いつも変わらないお辞儀を心がけてください。**親しさを増しても、尽くすべき礼節は守る。**その姿勢は、生き方の清々しさを感じさせるに違いありません。

「きょうはありがとうございました」と、美しいお辞儀で見送られた相手からは、きっと敬意と信頼と感謝が伝わってくるはず。「また、あの人と気持ちのいい時間が過ごせたな」。相手の心にきざすそんな思いが、縁をずっと、もっと、深めるのではないでしょうか。

あなたが生きる時間を、お辞儀ひとつが豊かにもするのです。

美しいお辞儀

① 相手と真っ直ぐに向き合う

② 腰をしっかり屈め、首筋と背中を一直線に

③ すぐに顔を上げず、このままひと呼吸止める

④ 静かにゆっくりと上体を起こす

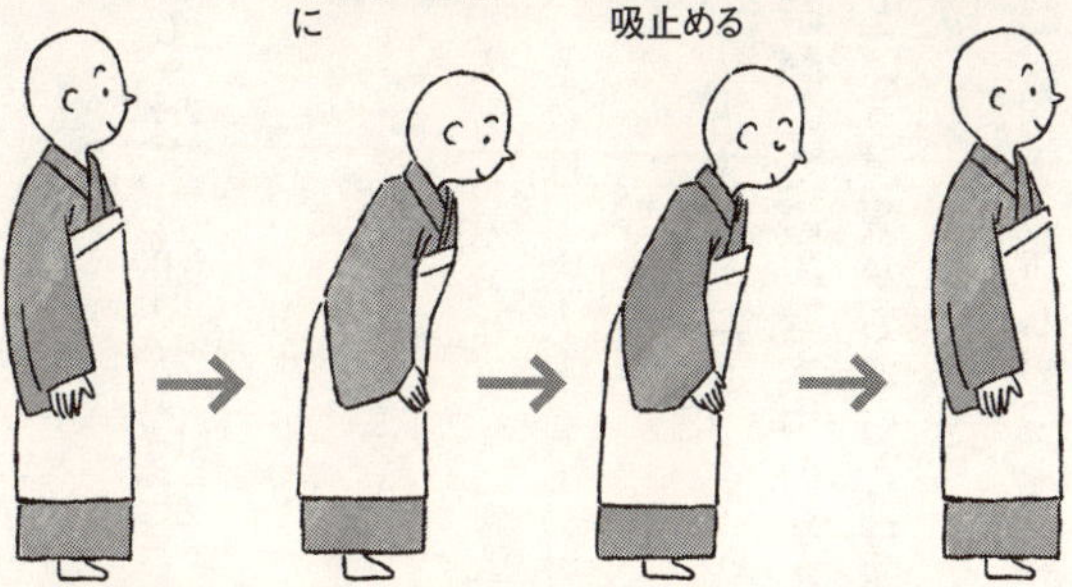

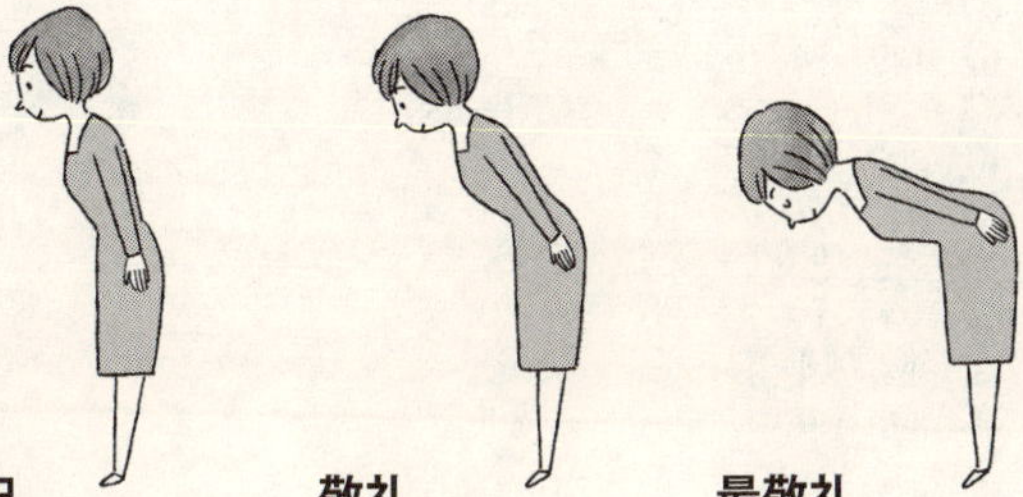

会釈

- 上体を腰から15度くらい前に傾ける
- 3メートルくらい先に視線を落とす
- 日常の挨拶、通りすがりの際の軽いおじぎなど

敬礼

- 上体を腰から30度くらい前に傾ける
- 2メートルくらい先に視線を落とす
- お客様をお迎えするときの礼など

最敬礼

- 上体をしっかり傾ける
- 1メートルくらい先に視線を落とす
- お礼を伝えるとき、謝罪をするとき、お客様をお見送りするときの礼など

挨拶の
言葉と所作

「挨拶」とは、禅から生まれた

「挨拶のひとつもできないなんて！」。そんな言葉を聞くことがあります。もし、自分に向けられたら、それは〝大人としての資格なし〟の烙印を押されたにも等しい、といっていいのではないでしょうか。

相手が誰であれ、人と人とのコミュニケーションは挨拶から始まります。その意味で、**挨拶は美しい時間のための基本中の基本**といっていいでしょう。

ところで、**挨拶という言葉がもともと禅語**だということを知っていますか？「挨」という字も「拶」の字も「押し合う」という意味で、禅宗の僧同士がおたがいに「禅問答」をするなかで、相手の悟りの境地、心の成熟度、力量をはかり合うことを、元来は挨拶といったのです。

少しくだけた言い方をすれば、相手に何か言葉をぶつけて、それに対してどんな言葉が返ってくるかで、おたがいの心の内を知ろうとするものだった、といってもいいかもしれません。

そこから転じて、挨拶は、手紙のやりとりや人との対応、返礼などを意味する言葉として使われるようになりました。現在では、会ったときや別れ際に交わす言葉を挨拶といいますが、その〝出自《しゅつじ》〟を考えれば、習慣だからとりあえず「おはようございます」「こんにちは」といっておこうというのではなく、そこにも心への働きかけがあってしかるべきだと思うのです。

たとえば、朝、ご近所さんと出会ったとき、

「おはようございます。ずいぶん寒さが和らいできましたね」

「こんな時間から蟬が鳴いていて、きょうはいちだんと暑くなりそうですね」

「そろそろ銀杏《いちょう》が色づいてきましたね」

「日ごとに風の冷たさが増して、冬支度はおすみですか？」

など、季節を感じさせる言葉をつけ加えてみる。

そこにちょっとした心の交流が生まれるような気がしませんか？　同じ地域、同じ生活空間に暮らす〝縁〟に、あらためて思いを馳せることになって、ふっとおたがいの心が和む瞬間が生まれるのではないでしょうか。

道元禅師の御歌にこんなものがあります。

春は花
夏ほととぎす
秋は月
冬雪さえて
冷《すず》しかりけり

日本にはくっきりと色分けされた、それぞれに美しい四季があります。その四季折々の時間を大切にすることで、日々が豊かなものになるのはいうまでもありません。

そのときどきで季節が感じさせてくれる思いを言葉にして、挨拶に入れ込むことができるのは、日本人の特権かもしれません。それを使わないなんて、もったいない！もったいない！

言葉の大切さと所作

美しい言葉を使えば、所作も自然と整う

言葉の乱れが指摘されてから、ずいぶん久しい気がしますが、あらたまるどころか、さらに深刻の度を深めているのが実情ではないでしょうか。

最近とくに気になるのが、「～してもらっていいですか？」という言い方。テレビでもバラエティ番組などに出演しているタレントさんの多くが、この言い方をしていますし、その影響があるのかないのか、巷間でもじつによく耳にします。

おそらく会社の上司に対しても、「課長、この企画書ちょっと見てもらっていいですか？」などと疑いもなくいっている人が少なくないのではないでしょうか。もちろん、正しくは「～していただけますか？」ですし、このケースで上司に対しては「ご

覧いただけますか？」ですね。

もう、このあたりで美しい日本語を取り戻しておかないと、日本の言語空間はとんでもないことになってしまうでしょう。古代から「言霊《ことだま》の幸《さき》ふ国（言霊の霊力によって幸せがもたらされる国）」とされ、**言葉の力を信じ、大切に扱ってきたのが日本**。それを受け継いでいくことによって、歴史もまたつながっていき、遠い祖先との縁を感じて生きることもできるのだと思います。

美しい言葉を、ひとつずつでもいいから、ストックして使っていく、という努力をしたらいかがでしょうか。辞書を引くのでもいいし、インターネットで検索するのでもいい。〝死蔵〟されている**美しい言葉を、自分の言葉として甦《よみがえ》らせる**のです。

たとえば、喫茶店にいて窓外の雨が激しくなってきたという状況のとき、「土砂降りになっちゃった」というより、「雨足が早くなってきたみたい」とか、「篠つく雨に変わったね」という言い方のほうが、はるかに情緒を感じさせますし、表現として美しいと思いませんか？

言葉と所作は一体ですから、美しい言葉を使っていると、所作も美しくなるのです。

食事のあとでも「ああ、うまかった」といえば、楊枝《ようじ》を咥《くわ》えたり、お腹をさすりながらふんぞり返ったりしそうですが、「とてもおいしくいただきました」なら、自然に感謝の念が湧き、頭が下がってくるものです。

以下の二つの言い方も比べてみてください。友人や恋人の実家でご馳走になって、すぐに帰るという場面です。

「もう失礼しなきゃいけなくて、食い逃げみたいでごめんなさい」

「もうお暇《いとま》しなくてはならなくて、いただき立ちで申し訳ありません」

美しい人にどちらがふさわしいかはいうまでもありませんね。どちらを使うかで、所作も違ってくるはずです。

ここにあげたのはほんの一例。日常生活で使える美しい言葉はいくらでもあります。折々に何か見つけて、意識的に使っていくと、違和感なく自然に使えるようになります。

究極の美しい言葉は、禅でいう「愛語《あいご》」でしょう。相手を心から慈しむ、愛にあふれた言葉です。

できるだけ愛語を使いたいものですが、語る言葉がすべて愛語になっているというのは仏様の境地ですから、あせらなくたっていい。美しい言葉を積み上げながら、一歩ずつそこに近づいていけばいいのです。

あいづち、
返答の所作

タイミングよく、心をこめたあいづちが、時間を明るくする

会話している時間が明るく美しいものであれば、いろんなことがうまくいくといっても過言ではないでしょう。

ビジネスでもプライベートでも、**相手の話をよく聞く**ということが、対話でいちばん大切な所作だと思います。相手が熱心に話をしているのに、心ここにあらずといった様子が出てしまっていたりしたら、失礼なことこの上なし。相手の不快感を思えば、これは大きく心を傷つける所作だといえます。

気づかずにやってしまっていることが少なくないのが、つい時計をチラチラ見るというふるまい。次の予定が迫っているという事情があるにしても、視線が何度も時計

に向けられているとわかった相手が、どんな気持ちになるかを想像してみてください。これも所作としては慎むべきものでしょう。

　しっかり相手の話を受けとめていることを伝えるのが、あいづち。しかし、あいづちも使い方を誤ると、かえって相手の不興を買うことになるから注意が必要です。よくありがちなのが、気の抜けた「へぇ～」「ふ～ん」「そうなんだ」「なるほどぉ」。または、「うんうん」のような二回返事……。これらはいかにもとってつけたという感が否めません。

　そんなときに、相手から、「いまの話ですが、あなたはどう思われますか？」と問われたら、言葉につまってしまうことになるでしょう。**下手なあいづちを数多く繰り出せばいいというものではない**のです。こんな句があります。

「鐘が鳴るのか撞木《しゆもく》が鳴るか、鐘と撞木の相《あい》が鳴る」

　撞木とは、鐘をつく棒のことです。つまり、この句は、鐘がゴ～ンと鳴るのは、鐘が鳴っているのか、撞木が鳴っているのか、いや、どちらでもない、鐘と撞木が出会って（ぶつかって）鳴っている。鐘と撞木がそれぞれの役割をはたすことで、はじめてあの荘厳な鐘の音が響くのだ、ということをいっています。

「相」は「縁」と置き換えることもできそうです。

相手の話に対するあいづちもこれに似ています。話にタイミングよく的確なあいづちが入って、対話は充実して心に響くものとなり、その時間も空間も輝いていくのです。

どんなあいづちがふさわしいかは、それこそケース・バイ・ケースですが、要所要所で、相手の話を引きとって簡潔に自分の言葉にしてみる、というのはひとつの基本かもしれません。もちろん、言葉をさえぎらない、話の流れを乱さない範囲で、です。

「いまのお話は、こう理解していいですか？」

「こういう受けとり方で間違っていませんか？」

「同感です。こうこうこういうことですね」

対話は、話し手と聞き手が役割をまっとうしてこそ、盛り上がります。そこにいる人たちの時間を満たすことになるのです。だからこそ、聞き手の重要な役割であるあいづちを見直しましょう。

考えてみると、日本にはみごとな〝あいづち〟の文化があります。歌舞伎のかけ声がそれ。舞台上の役者がここいちばんの見得を切る。そこに間髪いれずに、「音羽屋ぁ！」「成田屋ぁ！」「播磨《はりま》屋ぁ！」……の声がかかる。芝居小屋全体の空気が一気に沸点に達する瞬間。まさしくあいづちの真骨頂です。

あの間合いは、学ぶところ大。日本文化に触れる意味でも、一度、歌舞伎を体験してみたらいかがでしょう。

おもてなしの所作

打ち水、香り、お茶、見送り。昔から日本人がしてきた「もてなし」を、きちんとしてみる

日本人ほどもてなしの心を大切にする民族はいないのではないでしょうか。お客様をお迎えするとき、相手の好みに合わせて食事や茶菓を用意するのはもちろん、お送りするまでの時間を心地よく寛《くつろ》いで過ごしていただくために、隅々にまで心を配る。それが**日本人のもてなしの心**です。

私の寺にお迎えするときは、到着される一五分くらい前に玄関を掃き清め、打ち水をします。清浄な空間を設《しつら》えてお迎えしたい、という思いを示すのが打ち水。そして、部屋では香炉に線香を立てます。お客様が部屋に入られる頃にも線香はきちんと立っているようにしますが、ほのかな香りが部屋の隅々にまで漂っています。それでお客

様にも、「ああ、私の好きな香りの線香を焚《た》いてくれたのだな」と感じていただける。

部屋の空気を入れ換えるのはまず大切なことですが、そのあとに、お香でなくてもいいので、アロマなどを焚いておいたらいかがでしょう。「きょうはどんな香りでお迎えしようかな」と考えるのも楽しいものですし、**目に見えない所作、さりげない気配り**は、いっそう相手の心にしみるはずです。

香りというのは、ほんのちょっとしたことのようですが、だからこそ、もてなす側の誠意が如実にあらわれるもの。「ああ、いい匂い」というときに険しい表情をしている人はいないですね。**相手の心情を強く動かす力となってくれるのが、香り**なのです。

ふるまったお茶は、頃合いを見て差し替えるといいですね。お茶はいれ立てが命。**香り豊かな新しいお茶はこまやかなもてなしの心を感じさせます。**暑い時期だったら、お迎えしてすぐに冷たい飲み物を出して、人心地ついていただき、冷房ですっかり汗がひいたあたりで、今度は温かい飲み物を、という二段構えもいいのではないでしょうか。

和室に迎えるときのために座布団の置き方についても知っておきましょう。座布団には表裏があり、中央に糸の房がついているほうが表です。四辺のうちひとつだけ縫い目がなく輪になっている辺がありますから、その辺が前（膝の前）になるように置きます。また、座布団中央の房は上座から下座に流すようにします。

ちなみに、座布団には、床下に潜んだ敵が刃物を突き上げたときに、足元を守るという意味あいもあったようです。お客様の安全に配慮するのはもてなしの原点です。

一方、客側が座布団をはずして（座布団から下りて）挨拶するのは、「信頼していますよ」という気持ちをあらわすためだといわれています。ここにも思いをのせた所作があります。

日本人のこまやかなもてなしの心の源流にあるのは、「一期《いちご》一会《いちえ》」という茶道に通じる考え方です。**どんな出会いも、ともに過ごす時間も場所も、たった一度きりのことであり、二度と戻ってはこない。**相手への思いを伝えるのも、相手の思いを受けとるのも、いましかない、いまこそ正念場である、ということですね。

ですから、迎える準備をする、迎え入れる、お茶をいれる、食事をふるまう……そ

座布団の置き方

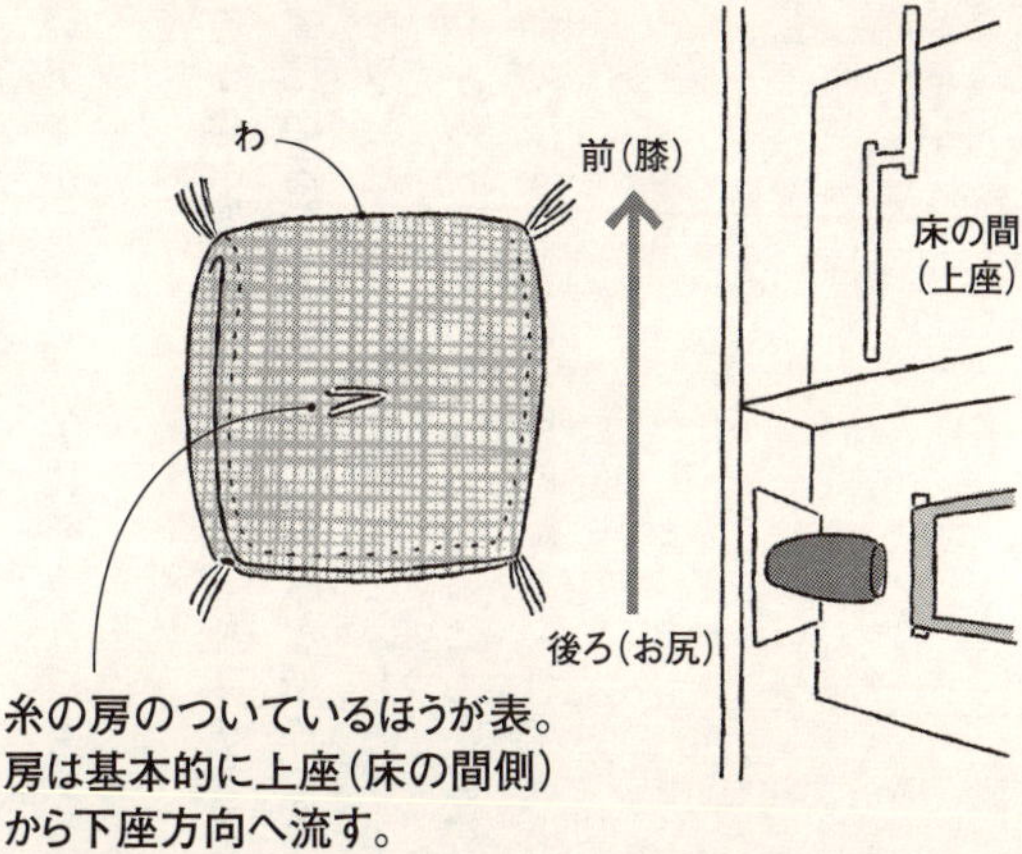

※イラストは、主・客の上下がないときのものです。床の間の前に、両者が向き合うかたちとなります。ただし、主・客の上下があるときは、一般的には「主賓」が床を背にして座り、「次客以降」がそれと向き合います。「次客以降」の人からは、「主賓」の向こうに床の間の花や掛け軸などが見えるかたちとなります。

んな一つひとつの所作が渾身《こんしん》の思いをこめたものでなければいけないのです。いや、正念場のふるまいですから、必然的にそうなるものだといったほうがいいかもしれません。

美しいひとときが過ぎ、**見送るときは、相手の姿が見えなくなるまで、別れを告げた場所から動かずにいる**、というのも素敵な所作です。さっさと家のなかに入ってしまい、相手が踵《きびす》を返したら、人影すらもないというのでは、余韻どころではありません。角を曲がる相手の視線が、佇《たたず》んでいるこちらの姿を捉える。両者の胸に「ご縁をいただいてよかったなぁ」という思いがあふれて、もてなしは終わります。

表情にも
所作がある？

笑顔の力で、人間関係はうまくいく

誰かを見て「美しいな」と感じる要素はいくつかあります。佇まい、動き、言葉などがそうですが、それらと並んで、「表情」も美しさには不可欠です。さわやか、晴れやか、鮮やか、艶《あで》やか……といった言葉が、表情の美しさを示す表現に用いられる代表的なもの。さて、こうした言葉に共通するのはなんでしょう。

そう、どれにも「笑顔」がつくということです。表情は、さわやかであれ、晴れやかであれ、やはり笑顔がいちばん輝いていて、美しいのです。禅語の「和顔愛語《わげんあいご》」は、穏やかにほほえみながら、慈しみの心で語りかけなさい、相手と接しなさい、と教えています。

笑顔はただそれだけで、人の心を明るくし、あたたかくし、心の壁をとり除いてくれます。縁が生まれる条件を整えてくれる、縁を育くむ時間を生み出してくれるといってもいい。笑顔を向けられて怒る人はいませんね。

苦虫を噛みつぶしたような表情でいたら、人間関係だってギクシャクしたものになる。そのギクシャクをほどいてくれる、もっとも有効な所作が笑顔です。

こんな経験はありませんか？　街の雑踏を歩いていて、肩がドンとぶつかった。非は明らかに相手にあるのに、謝罪の言葉を口にするどころか、「おまえがぶつかってきたんだろ。気をつけろ！」といわんばかりに睨《にら》まれた。心が渇いているからか、こうした無法の輩《やから》は決して珍しくはありません。

しかし、ぶつかった瞬間に、こちらから「あっ、大丈夫ですか？　お怪我はありませんか？」と笑顔で声をかけたら、相手の反応はまったく違ったものになると思うのです。睨むつもりだった表情はほどけて、「いえ、ぶつかったのはこちらですから、すみませんでした。大丈夫ですか？」ということに、なったりするでしょう。「和顔愛語」は、無法者に〝法を説く（世のことわりを教える）〟ほどの力があるのです。

もちろん、ここでいっている「笑顔」は、前向きな心でつくる笑顔です。笑顔といっても、たくらみの笑顔や、皮肉の笑顔や、人を恐れさせるためにわざとつくる笑顔もありますね。

後ろ暗い気持ちの人が笑顔をつくると、そこから醸し出されるものは、思っている以上に嫌な印象や、怖い印象になります。本来であれば人の心をやわらかくほどく笑顔を、悪いことに使おうとすると、いかにも「信用できない顔」になるのは当然のことかもしれません。

ですから、「和顔愛語」の笑顔は、**前向きな心でつくる笑顔のこと**、と思ってください。

何かあって表情が曇りがちになったり、強《こわ》ばったりすることがあるでしょう。そんなとき、笑顔が持っている〝力〟のことを思い出してみてください。

手の所作

掌を相手に向ける。両手を使う

手にも表情があります。しかも、手は非常にメッセージ性を持っている。たとえば、友人や知人の家を訪ねたりしたとき、リビングのソファを「指さし」ながら、「そこ座って」と勧められたら、どんな気持ちになるでしょうか。まあ、ごく親しい間柄なら、「おお、わかった」と自然に受けとめられても、それほど縁が深まっていない段階では、「なんだか、扱いがぞんざいだな」と感じませんか?

一方、あなたのほうに「掌を開いて向けて」から、「そちらにかけて」という勧め方だったら、ずいぶん印象が違うと思います。**掌を開くという手の所作（表情）から、「（あなたを）大切な存在だと感じています」というメッセージが発せられる**からです。

その手の所作が言葉をいざない、「そちらに」「かけて」というやわらかい言い方になる、ともいえるでしょう。

かつての日本では、ごく当たり前の躾《しつけ》として**「人を指さしてはいけない」**ということがいわれました。しかし、現代では、人だろうがものだろうが、指さすことにまるで抵抗感がなくなっています。おしゃべりしながら、相手を指さす人も増えています。まさに隔世の感。ですから余計に、掌を開くという所作が美しく映るのではないでしょうか。

飲み会でビールのおかわりをお願いするとき、ジョッキを指させば、「これおかわり」とぞんざいにいっているように見えますが、開いた掌をジョッキに向ければ、「こちらのおかわりお願いします」という丁寧な言葉までが見えてきます。前にもお話ししましたが、所作と言葉は一体なのです。

また、**両手を使うということも美しい所作につながっています。**ものを受け渡したり、受けとったりするとき、片手でおこなうのと両手を使うのとでは、明らかに違います。私はご法事などでお布施を頂戴するときには、塗物の台（八寸）を用意し、その上にお布施を置いていただいてから、台ごと両手で額《ひたい》の近くまでいただき、納めるようにしています。

また、食事をする場面を想像していただくと、違いはいっそう明確になるはずです。たとえば、大皿から小皿にとり分けた料理を差し出す（あるいは受けとる）際、両手を使うのと片手だけでやりとりするのとでは、好感度が決定的に違うと思いませんか？　実際に見て確かめていただければ、一目瞭然です。所作としての美しさに格段の差があるのです。

使える手を両方使うという所作は、「それを大事に扱う」というこれ以上にない強いメッセージです。手を寄せることは、心を寄せることにもつながっていますね。

所作を両手でおこなうと、礼儀正しさや、丁寧さや、あるいは、やさしさ、あったかさ、といったものを感じるのは、その所作に寄り添っている「心」が伝わってくるからかもしれません。

よい縁を迎えるために、その日の出発点「朝」を大事にする理由

気持ちよく一日が送れた。充実感のある一日だった。きょうはものごとがよい方向にまわっていった……。誰にでもそんな日があると思います。そうかと思えば、なんだか時間に追われるだけだった気がしたり、何をしていたかわからなかったり、ミスを連発したりする一日もある。

その原因を考えたことがありますか？　じつは朝にあるのです。**朝という時間をどう迎えるか、どんな朝の過ごし方をするか、で一日の流れが変わります。**起きる時間が遅かったために、何もかもあわただしく、心に余裕がないまま家を飛び出した、といったときは、すべてがよくないほうにまわります。

朝はその日の自分が動き出す出発点。そこでよい縁を結んでおく、つまり、すっきり清々しい時間を持つと、その**よい縁が次々に良縁を呼び、結果としていい一日が送れる**のです。しっかり方向を見定めて、坂の上から車輪を転がせば、思ったとおりの轍《わだち》を刻んで車輪がまわっていきます。しかし、方向も確かめないままで手を放せば、車輪はどこに転がっていくかわからないし、なかなか修正もききません。朝を大事にする、いい朝を過ごす、ということは、その車輪の方向を見定めることだといってもいいでしょう。

まず、していただきたいのは**早起きをすること**。そして、何かひとつ、**朝いちばんで、美しい言葉につながる所作、行動をすること**です。

たとえば、ゆったりとお茶を味わって、「ああ、おいしいなぁ」ということでもいいし、ササッと部屋を片づけて、「おっ、綺麗になったぞ」でもいい。あるいは、その日のスケジュールをチェックして、「よし、がんばろう」でも、部屋の植物に水をやって、「元気に育ってね」でもいいのです。

〝おいしい〟〝綺麗〟〝がんばる〟〝元気〟……はどれも美しい言葉。それを口にすることで、一日のはじめによい縁が結ばれます。「やばい、遅れちゃう」「きのうあんなに飲まなきゃよかった」「なんか、きょうは仕事をやる気がしないな」といった言葉を朝から呟《つぶや》くのとは、まったく違う日になると思いませんか？

「施し」とは何か？

「もっとも簡単にできる施し」が、美しい所作

仏教には「**布施**《ふせ》」という考え方があります。それをおこなうのが布施行ですが、「行」という字がついていることでもわかるように、きわめて大切な修行とされています。布施行には「**財施**《ざいせ》」「**法施**《ほうせ》」「**無畏施**《むいせ》」というものがあります。

財施は財、つまりお金やものを施すこと、法施は仏教の教えを説くこと。ですから、誰にでもできるというわけではありませんが、無畏施は、いますぐにもでき、しかも、もっとも美しい所作でもあるのです。

無畏施には「**無財の七施**」といわれる七つの方法があります。「眼施《がんせ》」「和顔施《わげんせ》」「言辞施《ごんじせ》」「身施《しんせ》」「心施《しんせ》」「床座施《しょうざせ》」「房舎施《ぼうしゃせ》」がそれ。

眼施は、誰とでも、何に対してでも、あったかくてやさしいまなざしで向き合う、ということです。落ち込んでいるとき、信頼できる人が何も語らず、ただ、やさしい目をして向き合ってくれただけで、救われた思いがしたことはありませんか？　まさに、眼施をいただいたのです。そのときの感謝の思いは、今度はあなたが眼施をお返しする、なによりのモチベーションになるはずです。

和顔施は、これまでも「和顔」についてお話ししてきましたから、あらためて説明する必要はありませんね。穏やかにほほえんだ表情で接することです。ほほえみながら相対したら、つまらない摩擦や人間関係の軋轢《あつれき》など、出る幕がなくなる。包み込むようなやわらかな心を端的にあらわす所作が、この和顔施だといっていいでしょう。

言辞施は言葉の布施行。これは「愛語」をもって語りかける、ということです。すでにみなさんは言葉がとても大切だということを知っています。愛語は疲れた心を癒し、縮こまった心を勇気づけ、渇いた心にうるおいをもたらします。その言葉の力を信じ、惜しみなく使っていく。どうぞ、思いきり言辞施につとめてください。

身施は「捨身施」ともいわれ、身を捨てて人のために尽くすことです。自分のことはひとまず脇に措《お》いて、何か人の役に立つことをおこなう。ボランティア活動などは、この身施の実践といっていいでしょう。

二〇一一年三月一一日に起きた東日本大震災と原発事故のあと、たくさんのボランティアが現地に入り、思い思いの活動をしました。活動の内容はそれぞれに違っていても、それに打ち込む姿はどれも感動的でした。見返りを求めないでおこなう所作は、みな美しいのです。

心施は、文字どおり、心の施し。他人のために心を砕くことです。道元禅師は『正《しょう》法眼蔵《ぼうげんぞう》』のなかで**「同時」**という言葉を使っています。他人のよろこびを自分のものとし、他人の悲しみ、苦しみを自分のものとする、というのがその意味。思いをいっしょに引き受ける、相手の心に自分の心をピタリと寄り添わせる。それがこの「同時」です。

厳しい時代だからか、他人の出世が妬《ねた》ましく、他人の成功は羨《うらや》ましい、という思いに搦《から》めとられている人が少なくありません。しかし、考えてみてください。**他人を妬んでも、羨んでも、自分が向上することもないし、進歩することもない**のです。

それがたったひとつの真実。そのことに気づくだけで、心の在り様は大きく変わるのではないでしょうか。〝同時の心〟で生きていける気がしませんか？

床座施は、自分の立場や地位を譲るということです。他人への思いやりをかたちにする所作がこれですね。

最後の**房舎施**は、雨露をしのぐ場所を分かち合うということ。雨降りに傘が一本しかないとき、自分が濡れるのも厭《いと》わず、子供に傘のほとんどを差しかけているお母さんの姿は、まさしく房舎施そのものです。

さて、仏様の教えである無財の七施。それを行じている姿、その所作はどれも美しいと思いませんか？　そうはいっても、なかなかできるものじゃない、と感じているかもしれません。しかし、そんなに難しく考えることはないのです。

道に迷っているお年寄りの姿を見かけたら、「どちらに行かれるのですか？　途中までご一緒しましょう」と声をかけるのは身施ですし、友人の悩みを心ゆくまで聞くのは心施です。混んだエレベーターの前に乗ったら、各階ごとにさっと降りて、後ろの人が出やすくするのは床座施、先にあげた〝お母さんの心〟に倣えば、房舎施だって自然にできます。

心をやさしく、日々の時間を豊かにしてくれる美しい所作は、意外に身近なところにあるのです。

所作は生きる智慧である。古きよき所作を大切に

人はひとりでは生きていない。みんなとともに生きている。ですから、みんなのことを考えよう。みんなと過ごす時間を、美しく豊かなものにしよう。――さまざまな所作の後ろにはそんな思いが見え隠れします。何度もいっていることですが、**所作は「かたち」ではなく「心」のあらわれ**だからです。

すでに一〇〇万人都市であった江戸の商人たちは、商いを通じて得た〝哲学〟や、商人としてあるべき〝道〟を、代々口伝《くでん》によって受け継いできました。

それが**「江戸しぐさ（思草）」**です。それは〝商いをうまく運ぶ〟ということを超えて、人として生きるための「教え」とも受けとれます。少し見てみましょう。

「七三《しちさん》の道」。道を歩くときは、大手を振ってど真ん中を歩くのではなく、自分は道幅の三割程度を歩き、残りの七割は他の人のためにあけておく、ということです。何人かで連れ立って歩くとき、横に広がって道全体を占拠しているなんてことはありませんか？　急ぎ足で後ろからくる人は大迷惑。占有権〝三割〟は絶妙のさじ加減です。

「横切りしぐさ」。他人様《ひとさま》の前を横切るときは手刀を振って歩くこと。これはけっこういまにも受け継がれています。「前を失礼いたします」という無言のメッセージですね。女性は手刀を振るよりは開いた掌を下方に向け、軽く会釈をする、というほうが慎ましやかでいい感じです。

「こぶし腰浮かせ」。渡し船などに乗る際、あとから乗ってくる人のために、こぶしひとつ分腰を浮かせてスペースを確保すること。電車などで大きく股を開いたり、自分の荷物で一席分を占領したりしている人、どうか〝赤面〟してください。

「うかつあやまり」。どう見たって相手に非がある場面でも、「うかつでした。申し訳ありません」とこちらが謝ること。その場の雰囲気を険のあるものにしない、極上のしぐさです。ただし、昨今は、必ずしも相手から、「とんでもない。こちらこそ申し訳ありませんでした」の対応が返ってこないのがつらいところ。まあ、これを続けていたら、そのうちに世間の風潮も〝江戸がえり〟ということに……？

「肩引き」。人が大勢いるところですれ違うとき、おたがいがちょっと肩を引き、身体を斜めにして通り過ぎること。「おたがいさま」の心が世間をずっと暮らしやすくします。〝肩で風切る〟しぐさは返上です。

「傘かしげ」。雨の日に往来を行き交うとき、おたがいが少しずつ傘を外側に傾けて、すれ違いやすくすること。多少、濡れることになっても、心があったかくなる、粋《いき》なしぐさです。

「先に勘定」。これは私のオリジナルです。ずっと気になっているのが、駅の切符売り場などで、列ができているのに、自分が買う段になってから値段を確認し、お財布から料金を取り出している姿。並んでいるあいだに用意しておけば、流れはスムーズになるはずです。その場の時間も空間も自分だけのものではありません。みんなで共有しているのです。空気を読んで、先に料金（勘定）をそろえておきましょう。

こうして見てくると、**「江戸しぐさ」は生きる智慧そのもの**だという気がします。

時代にかかわりなく、「いいものはいい」。古きよきしぐさ、所作を取り戻して、大切に守っていきませんか?

第二章

所作とは、感謝を知り、伝えるものである

食べることのありがたさを知る

食事を丁寧に丹念に味わえば、美しい所作になる

飽食の時代といわれ始めてから、ずいぶん月日が経《た》ちますが、その傾向はますます加速しているかに見えます。世界各国の食べ物が有り余るほどにある、現下の日本の食環境のなかで、食べ物に対する思いはどんどん希薄になる一方。食べ散らかしたり、食べ残したり……など粗末に扱っていることも少なくないのではないでしょうか。

中国唐代に生きた百丈懐海《ひやくじようえかい》禅師は次の言葉を残しています。「一日作《な》さざれば、一日食らわず」。表面的に見ると、「ははあ、いわゆる〝働かざるもの食うべからず〟ってやつだな」とこの言葉の意味を理解するかもしれません。

しかし、百丈懐海禅師の真意は違うところにあります。「作す」とは作務《さむ》をつとめ

ること、つまり、働くことですが、それと食べることは、同じように修行なのだ、だから、一方の（作す）修行をしないで、もう一方の（食らう）修行をすることなどあり得ない、どんな修行もそれをなすべきときに、それぞれ一所懸命なさねばならない、と禅師はいっているのです。

禅では食べることも大切な修行です。お経をあげたり、坐禅を組んだりする修行はありがたく思えますが、食べることは当たり前すぎて、ありがたく思えない、という考え方は禅にはありません。**修行に立派もないし、つまらないもない。上も下もない、とするのが禅の教え**です。

道元禅師はとりわけ、食を重んじました。その著書『典座教訓《てんぞきょうくん》』に以下のようなくだりがあります。

「昼食や朝のおかゆの支度を作法どおりに調《ととの》え終えたら、それを庫院《くいん》（台所）の前の飯台の上にきちんと置いて、典座は袈裟《けさ》を身につけ、坐具を敷きのべて、まず庫院から僧堂の建物に向かって、香を焚いて九回拝礼し、それが終わったら、食事を僧堂に運ばせるのである」

準備ができたら、袈裟をつけ、坐具をのべ、香を焚き、九拝してから運ぶ、というのですから、食事をどれほど大切に考えているか、容易に想像できるところだと思います。読経や坐禅の合間に「ちゃっちゃっとすませる」のが食事だなんてとんでもない。禅僧にとって欠かせない修行として堂々たる位置を占めているのが食事なのです。

さて、みなさんのなかに、仕事の合間に「ちゃっちゃっと」食事をすませている人がいるのではありませんか？　もちろん、三度の食事に毎回毎回、たっぷり時間をかけるというのは、物理的にも無理があるでしょう。しかし、「おなかがいっぱいになりさえすればいいや」という〝常識〟を、一度捨ててみませんか？

たとえ**時間はかけられなくても、丁寧にいただくこと、丹念に味わうこと**、はできます。九拝まではしなくても、**軽く手を合わせて（言葉にしなくてもいいですから）「いただきます」「ごちそうさま」の〝一拝〟**ならできるのではないでしょうか。

食事をする場所で、ときどき食事の前後に自然に手を合わせている人を見かけますが、見ているこちらのほうが気持ちがよくなります。ほんの一秒にも満たない瞬間のその所作が、とてもさわやかで美しいと感じるのです。禅の心がそこにあらわれているからだ、と私は思っています。

人の営みのなかで、食事に割く時間は、けっこう多い。毎日（ふつうであれば）三回も、それなりの時間を費しておこなうことは他にあまりないのではないでしょうか。大切に丁寧におこないたいものです。

仕事ができるありがたさを知る

「輝ける場所」がどこかにあるわけではない。自分が輝くのだ

多くの人にとって、一日の時間をもっとも費しているのが仕事でしょう。ところが、毎日仕事をしていれば、モチベーションが下がることもあるものです。そんなとき、頭をよぎるのはこんな思いかもしれません。

「もともとやりたいことじゃなかったし。もう、こんな仕事は辞めてしまおうかな」

「上司からの締めつけが厳しすぎてやってられない」

現代人の最大の不平不満の種は、仕事です。しかし、やりたいことであろうが、なかろうが、上司がやさしかろうが、口うるさかろうが、**「いまいる」場所が「あなたの」居場所であり、「いまある」仕事が「あなたの」仕事**なのです。

道元禅師に関するこんな話が伝わっています。中国に渡った禅師はあるとき、夏の炎天下で、笠もかぶらずに、敷瓦《しきがわら》の上で椎茸《しいたけ》を干している老僧に出会います。気の毒に思った禅師は、そのような仕事は若い者か雇い人にさせたらいいでしょう、と語りかけます。すると、老僧からはこんな言葉が返ってきます。

「他これ吾《われ》にあらず」

人のしたことは自分のした仕事にはならない、ということですね。禅師は続けて、それではもっと別の時にやられたらどうですか？　なにもこんなに暑い盛りにしなくても……と声をかけます。老僧の答えはこんなものでした。

「さらにいずれの時をか待たん」

これは、いまではなくて、いったい、いついい時があるのだ、という意味です。道元禅師は老僧とのこの会話から、悟りに至る確かな道標《みちしるべ》を得た、とされています。

やりたい、やりたくない、ではないのです。**いまある仕事を自分のものとして、精魂こめてやること。**仕事に対する向き合い方はこれしかありません。そのひたむきな姿勢（所作）が自分をその居場所で輝かせることになるのです。

輝いている人には良縁がもたらされます。その仕事ぶりをずっと見ていた上司から、「新しいプロジェクトの中心スタッフとして参加してもらいたいと思っている」

そんな声がかかるかもしれません。その仕事にもひたむきに取り組めば、良縁はさらに良縁につながることになります。次はプロジェクトのリーダーに抜擢される、といったことにもなる。

「大地《だいち》黄金《おうごん》」という禅語があります。そのとき自分がいる場所で、ありったけの力を尽くせば、そこは黄金のように輝いてくるという意味です。どこかに輝いている場所があるわけではないのです。待っていれば自分を輝かせてくれる仕事と出会えるわけではありません。

いつだって、どこでだって、〝光源〟となるのはあなたです。いまいる場所で、いまある仕事に自分を全部投げ込んでみる。すると、そうさせてくれている仕事に対する感謝の気持ち、「ありがたいな」という思いが芽生えてきます。さあ、もう、あなたは輝いているはずです。

生きているありがたさを知る

先祖からお預かりした命を、私たちは生きている

親もとを離れ、経済的にも自立して暮らしていると、「自分だけの力で生きている」という気持ちになったりするかもしれません。

しかし、考えてみてください。あなたには両親がいて、その両親にもそれぞれ二人ずつ親がいます。そうして先祖をたどっていくと、一〇代遡《さかのぼ》れば一〇二四人のご先祖様が、二〇代なら一〇〇万人を超えるご先祖様がいるのです。三〇代となると、一〇億人を超える天文学的な数字です。

そのつながりのどこか一カ所でも途切れていたら、あなたの命は存在していないのです。**ご先祖様が永々とつないでくれたご縁があって、いま、ここに、あなたがいる。**

あなたの生活がある。これってすごいと思いませんか？　奇跡と呼ぶしかない「有り難い」ことだという気がしないでしょうか。

誰も「自分だけの力」で生きているわけではないのです。ご先祖様があって自分は生かされている、ご先祖様からお預かりした命でいまという時間を自分が生きている、といってもいいでしょう。そのことに気づいたら、感謝の念が湧いてきませんか？

そして、あなたも子孫へと命をつなぎ、お預かりした命をお返しして、ご先祖様のもとに還っていきます。「阿字《あじ》の子が　阿字の古里《ふるさと》立ちいでて　また立ちかえる　阿字の古里」は弘法大師の歌です。「阿字」とは真言宗でいう「大日如来（大宇宙の真理）」のこと。これを「ご先祖様」に置き換えると、命のつながりということが、よくわかるのではないでしょうか。

ときに両親のこと、ご先祖様のことを静かに思う。そんな時間を持つことが、感謝をあらわすことです。もし、手元にあれば、古びたアルバムのページをめくりながら、その姿に出会ってみるのもすごくいい。家にお仏壇があれば、お仏壇のなかのご両親のお位牌に静かに手を合わせ、感謝の気持ちを伝えて欲しいと思います。

忙しい日々のなかで、心がギスギス、トゲトゲすることが、誰にだってあります。

そんなときこそ、どうぞ「命の原点」に触れてください。**穏やかな心、穏やかな時間が戻ってきます。**

先祖への感謝の方法

「お蔭様」のほんとうの意味を知る

このところますます、美しい日本語が会話から失われているような気がします。若者のあいだでは珍妙な言葉がなんの抵抗もなく使われ、それを共通語とすることで仲間意識を感じ合っている。時代にはトレンドがあってしかるべきですし、それが言葉に及ぶのも致し方ないことと思いますが、ときどき「こんなに美しい言葉がたくさんあるのだから、少しはこっちを振り向いてみないか?」といってみたくなります。

「お蔭様《かげさま》」もそんな言葉のひとつです。しかし、残念ながら、最近はあまり耳にすることがなくなりました。

「蔭」はもともと神仏など大いなる存在、偉大な存在の蔭ということで、じつはご先祖様のことでもあるのです。つまり、**「お蔭様」ということはそのままご先祖様への感謝を伝えていることになる**わけです。

相田みつをさんの言葉にこんなものがあります。「いいことは、おかげさま。悪いことは、身からでたさび」。いいことがあったら、うれしいことに出会ったら、心をこめて「お蔭様」と感謝する。そんな言葉の習慣をつけませんか？　日常生活には「お蔭様」を口にする機会がたくさんあります。

「近頃お見かけしませんでしたが、いかがお過ごしでしたか？」

「お蔭様で、こうして元気に暮らしています」

「ご結婚なさったそうですね。おめでとうございます」

「ありがとうございます。お蔭様で、仲よく二人でがんばっております」

「ご旅行はどうでしたか？」

「お蔭様で、楽しい時間を持つことができました」

たったひと言が加わるだけで、会話はやわらかいものになります。口にするたびにご先祖様にも感謝が伝わり、あなたのなかに感謝の心が育っていきます。お盆やお彼岸などの特別な日に、ご先祖様に感謝を捧げるのは大切なことですが、日常的に「お蔭様」と感謝を続け、深めていくことも、美しい時間を生きることです。

法要の意味と所作

親やご先祖様にきちんと感謝をする場が法要である

「孝行のしたい時分に親はなし」という諺《ことわざ》もあるように、親の存在というのは、元気でいるあいだはあまり考えないものかもしれません。しかし、死は誰にも必ずやってきます。その存在の大きさをヒシヒシと感じるのは、死を看取り、葬儀・法要をおこなったときでしょう。さまざまな思いが迫ってきます。

「もっと頻繁に会いにきたらよかった。寂しい気持ちで待っていただろうな、きっと」

「飲んだら必ず出てくる話をうるさがって悪かったな。よほど話したかったんだろうに、じっと耳を傾けてあげていたら……」

おそらくは、あれもしてあげたかった、これもできなかった、という後悔が心を占めることになる。そんななかで「親を送る」という最大の悲しみにグッと耐え、涙をこらえるのも立派なふるまいには違いありませんが、私は、悲しいときは涙を心ゆくまで流せばいい、と思っています。**あふれてくる涙を、流して、流して、流しきるのも、親の死を正面から引き受ける〝堂々たる〟所作**だと考えるからです。

頓知《とんち》でよく知られる一休宗純《いっきゅうそうじゅん》禅師は、めでたい言葉を一筆書いて欲しいと請われて、こうしたためたといわれています。「親死ぬ、子死ぬ、孫死ぬ」。人はどうしたって死から逃れることができないのだから、親が死に、子供が死に、孫が死ぬ、という順番を違《たが》えないのがいちばんめでたいことなのだ、というわけです。

その意味では、子供としてきちんと親を送れたことは、本分をまっとうしたことになるといえるかもしれませんね。

少し気持ちが落ち着いたら、じっくりと思い出しましょう。そして、**それまで見えなかった親の姿を見つけてください。わからなかった思いに気づいてください。そして、ともに過ごした時間の美しさに気づいてください。**そのことが葬儀・法要のもっとも大切な意味ではないか、と私は思っています。

「あのとき自分に向けた表情はこんなことを語りたかったんだ」

「やけに記憶に残っているあの言葉、そうか、そういうことだったのか」

言葉でも、行動でも、考え方でも、胸に響いてくるものは、きっと、あなたを成長させてくれる糧になります。その一つひとつを心にしまって、生きていく折節《おりふし》で活かしていく。それが親の遺志を継ぐということです。

正しく供養するためにはもうひとつ〝仕事〟があります。自分にとって親がどのような存在だったのか、また、親の人生はどんなものだったのか、あなたが感じるままに、子供に伝えるというのがそれです。故人を偲んで催される、没後一年目の一周忌法要、二年目の三回忌法要、六年目の七回忌法要などは、その格好の機会になると思います。

そうして家風を代々伝えていくことが、親に対する感謝のあらわし方として、いちばんふさわしいのではないでしょうか。

法要に関して覚えておいていただきたいのは、**合掌《がっしょう》と焼香《しょうこう》（拈香《ねんこう》）**の意味。

合わせる右の掌は相手、すなわち故人（仏様）の心、左の掌は自分の心です。つまり、**合掌は仏様と心を一体にする所作**なのです。そのひとつになった心で右手でもって抹香をつまみ、左手は合掌した位置に残しておいて、右手だけ額のあたりに捧げて念じますが、これは**抹香に仏様への思いをのせる所作**です。そして、香炭の上に静かに思いののった香を落とします。

いかがですか、意味を知ると、所作の一つひとつが丁寧になりませんか？ そう、それが美しい所作です。

合掌

手を合わせた指先
の高さが、鼻先の
高さとなるように
右の掌は
故人（仏様）の心
左の掌は自分の心

基本的に、両肘の高さは地面
と平行にするようにしましょう。
そうすると綺麗に見えます。

焼香（拈香）

①
まず、本尊、遺影、位牌に合掌します。

②
続けて、合掌礼拝します。
数珠を両手にかけておこないます。

③
左手に数珠をかけ、合掌の位置に残したまま、右手で抹香を、適量つまみます。

④
左手はそのままで、抹香をつまんだ右手を残したままの状態である左手に添え、額をその香に近づけ、しっかりと気持ちをお香にのせ念じます。これを拈香といいます。

⑤
香炭の上に、お香を右手で落とします。静かに丁寧にくべましょう。そのときも、左手はそのままで。

⑥
最後にもう一度、右手を左手と合わせて、数珠を両手にかけ、合掌礼拝します。

供養の
意味と所作

故人と心を通わすことが供養の意味

亡くなった人の冥福《めいふく》と安寧《あんねい》をお祈りするのが供養。同時に感謝を新たにする行事でもあります。一般的なのは、夏のお盆と春秋のお彼岸でしょう。

お盆は正式には「盂蘭盆《うらぼん》」といって、地域によってその日取りは七月一三〜一五（一六）日、八月一三〜一五（一六）日の二つに分かれています。本格的には精霊棚《しょうれいだな》をお仏壇とは別の場所に設えますが、近頃では場所の問題から、とくに都市部では仏壇の前に精霊棚を設えて、お花、茶菓、食事、果物などを供え、両脇に灯明《とうみょう》を灯《とも》して、霊をお迎えするのが一般的となっています。

初日には、まず菩提寺《ぼだいじ》をお参りし、本堂の蠟燭《ろうそく》の火をいただいてその火を持って、墓地へご先祖様をお迎えに行きます。お寺からいただいてきた火で提灯に明かりを灯し、その明かりでご先祖様方を家へと案内します。家の門口には予《あらかじ》め「迎え火」を焚く用意をしておきます。その提灯の火で焚くのはおがらと呼ばれる麻の茎ですが、これは、霊が迷わずに家にたどりつけるようにという思いをこめた所作。習わしだから儀礼的におこなうのでなく、ここは言葉をかけたらいかがでしょう。「迷わずにおいでくださいね」。そんなひと言で故人への思いが鮮明になります。最終日の一五日もしくは一六日（地域によってことなります）には、今度は「送り火」を焚くわけですが、このときにも「迷わずにお帰りください。一年間見守ってください。来年も待ってます」と声に出す。

お盆には身内の子供たちも集って、その光景を見ます。そして、迎え方、送り方が次代に受け継がれていく。ほのぼのとしたわが家の〝**伝統の所作**〟**がつくられる**のです。

春と秋のお彼岸は、春分の日、秋分の日を「お中日」として前後三日間、計七日間が供養の日にあたります。故人が眠るお墓に出向き、お参りするのが通例ですが、ここでも、お墓を綺麗に掃除して、花や茶菓（鳥のいたずらなどのために茶菓のお供えが禁止されている墓地もあります）を供え、お線香をあげてお参りするだけではなく、お墓に着いたときと去るときにひと声かけるといっそう故人が身近に感じられます。

そうして故人とつながることのできる時間は、あなたの心をニュートラルにし、美しく穏やかな時間を生むことになるのです。

お賽銭の
意味と所作

お賽銭は、「させていただく」という気持ちでする

お寺や神社に足を運んだとき、ほとんどの人がお賽銭《さいせん》を投げます。子供の頃、家族で初詣などに行って、大人がするのを見て、みようみまねでやって以来、その所作が身についたという人も少なくないと思います。

さて、お賽銭を投げるのはなんのためでしょうか。願い事を叶えてもらうため。これが多くの人の常識。お参りするときには、誰もが恋愛成就、受験合格、家内安全……といったお願いをするものです。言葉はよくありませんが、お賽銭はその願いを達成させてもらうための、いわば「手つけ金」という感覚で投げているというわけです。

仏教では、お賽銭を含め、金品を供することを**「喜《き》捨《しゃ》」**といいます。文字どおり、

よろこんで捨てるという意味です。人間には、自分が一度手にしたお金でもものでも「手放したくない」という気持ちがあります。それは人を惑わす欲であり、執着です。もっと広く捉えれば**煩悩**です。

人はなかなか煩悩から離れることができません。しかし、**お賽銭を投げることによって、煩悩をひとつ捨て去ることができる**。ですから、よろこびだと考えるのです。

お賽銭を投げるという所作は「する」のではなく、「させていただく」もの。煩悩をとり除いていただく、心の塵《ちり》を払っていただく、という**感謝の気持ちでおこなってはじめて、本来の意味に沿ったものとなります**。ぜひ、〝本来回帰〟をしてください。

ちなみに、民俗学にも同じような考え方があるようです。民俗学では貨幣は「ケガレを浄化」してくれる吸引装置である、と捉えます。心身にまとわりついたケガレが移った貨幣を賽銭箱に投じることによって、ケガレのない清らかな心身になる。それが民俗学的なお賽銭の解釈だそうです。

なお、お賽銭を投げたあと、お寺では合掌ですが、神社では「二礼、二拍手、一礼」が正しい所作。これも覚えておきましょう。

ものをいただく正しい所作

相手が見えなくても、心を受けとる気持ちで

ものをいただいたときには、感謝の気持ちをすぐに伝えるのが原則です。直接、顔を合わせて伝えるのがいちばんですが、難しければ、電話やメールで対応しましょう。

しかし、それですべてが一件落着かというと、私は少し違うような気がします。くださった相手の心を受けとるということが、言葉による感謝以上に大切なのではないか、と思うのです。相手はあなたのことを考え、その好みに思いを巡らせたり、使い勝手を想像したりして、品物を選んでいるはずです。調度品を選ぶというときなら、部屋のインテリアを思い浮かべるでしょうし、「これだ」というものが見つかるまで、何軒もお店を歩いているかもしれません。あなたの手に届いたいただきものの背景に

は、あなたを思うそんな相手の心があるのです。

その心に思いを馳せ、こちらも心で受けとる。

「拈華微笑《ねんげみしょう》」という禅語があります。お釈迦様がさる場所で法話をされた。弟子たちはどんなお話が聞けるのか、固唾《かたず》を呑んで待っていました。ところが、お釈迦様はひと言もおっしゃらず、一輪の蓮《はす》の花を手にとられたのです。その意味がわからず戸惑っている弟子たちのなかで、たったひとり摩訶迦葉《まかかしょう》（尊者《そんじゃ》）だけがニコリとほほえみました。それをご覧になったお釈迦様は、心から心へ教えが伝わったとして、摩訶迦葉を後継者に決めた、と伝えられています。これが禅語にまつわるエピソードです。

教えの真髄は「心から心へ」しか伝わらない。**心から心へ伝えるものこそ、もっとも尊いものなのだ**、ということをこの禅語はいっています。よく知られている「**以心伝心**」も同じことです。

いただいたものから、相手の心を感じてください。それをしっかりあなたの心で受けとってください。相手がいないところでの心の交流ですが、**ほんとうに美しい「心の所作」**とはそういうものなのだ、と思います。

精進料理には、簡素で美しい暮らしにつながるヒントがいっぱい

禅の食事といえば、誰もが精進料理を思い浮かべるでしょう。修行中の食は、素材は野菜、豆類が中心で、肉、魚はいっさい御法度です。これは戒のひとつである**「不《ふ》殺生戒《せっしょうかい》」**、つまり、殺生をしてはならない、という教えに由来しています。動物でも魚でも、目鼻があるものは一度命を奪ってしまえば、その個体は絶えてしまいます。ですから、その命を奪うことはしてはならない、つまり、食べてはならない、とされているのです。

野菜や果物、海藻類も命あるものですが、根絶やしにしなければ、また、再生します。そういうわけで、その命をいただくことは許されているのです。

食事の際の「いただきます」の所作は、命をいただくことへの感謝の表現です。

ちなみに、ニラやニンニク、ネギなどにおいの強い食材は使わないことになっています。

あなたが修行僧でなければ、精進料理だからといって、特別に食べ方の所作が定められている、ということはありません。ただし、ひとつ、必ず守らなければいけないのは、**食べ終えたら器を綺麗にする**ということ。修行中は決められた道具を用い、決められた所作で器を綺麗にしますが、ひとりで道具もなくおこなうときには、これを略しておこないます。その方法は、沢庵をひと切れ残しておき、おかゆは残り汁で、ごはんなら白湯を少し入れて、器を拭うというもの。

もちろん、ふつうの食事でそこまでする必要はありませんが、**ごはんの粒が残っていたり、料理を余らせたりするのは、食事の所作として減点。**さりげなくどの料理も食べきっていることを確認する心配りをしたいものです。

道元禅師は『典座教訓《てんぞきょうくん》』のなかで精進料理についても詳しくしるしていますが、そのなかに「素材は余すところなく使わなければいけない」というくだりがあります。

たとえば、大根でも葉っぱや根の先端の部分は捨ててしまっている、ということはないでしょうか。葉っぱは塩もみをするだけで、おいしい漬け物になりますし、炒め物の食材にも使えます。先端部分も煮物などに活用できます。当然、ゴミも出ません。**どの食材も余すところなく使いきる工夫をする。**そんなことも禅の世界に通じる生き方ですし、**簡素で美しい暮らしにつながっています。**

お箸の使い方

食べ物とお箸を大切に扱えば、自然と正しい使い方になる

かつての日本では、どの家庭でも、当たり前のこととして、お箸《はし》の使い方をしつけられました。「身」を「美」しくするのが「躾《しつけ》」。お箸の使い方は食事の所作の基本であり、美しく食事をするために、まず、身につけるべきものだということでしょう。

しかし、時代は変わり、現在の食事風景を見ていると、お箸をまともに使えない人がいやでも目につきます。すでに親世代が〝個性あふれる〟使い方をしているようですから、子供にしつけようがないというのが実情かもしれません。

いまからでも遅くはありません。正しい（だから、美しい）お箸の使い方にトライして欲しい、と思います。みなさんが考えている以上に、食事のときお箸の所作は気

になるものなのです。「百年の恋も冷める」という言葉がありますが、いっしょに食事をしていて、相手のお箸の使い方に愕然《がくぜん》となり、一気に情熱がしぼんでしまった、という話だって、事実、あるのです。

お箸を正しく使えないと食べ物がうまくつまめません。その結果、口に食べ物を運ぶのではなく、食べ物に口を近づける「迎え口」という食べ方になります。上半身をグッと前に屈めることになって食べる姿勢も崩れます。お箸の使い方しだいで、食事の所作全体が台なしになってしまうのです。

箸置きに置かれている箸は、まず、(右利きの場合)右手で箸の真ん中あたりをつまんで水平に持ち上げます。左手を下から添えて箸を支え、右手を移動して握る位置にセットします。

箸を握る位置は中央よりやや上が綺麗です。上側の箸を人さし指と中指の指先ではさみ、親指を添えます。下側の箸は薬指の上にのせる感じ。人さし指、中指、親指の三本で上側の箸だけを動かし、下側は動かしません。

これがお箸の使い方の基本。ただし、肝心なのはここからです。お箸の所作には

「忌み箸」といって、古くからいくつものタブーが定められています。以下、列挙しておきましょう。

移り箸（一度料理につけた箸を別の料理に移す）／迷い箸（箸を持ったまま、あちこちの料理に動かす）／空箸（一度箸をつけた料理を戻す）／刺し箸（料理に箸を刺して食べる）／涙箸（箸先から料理の汁をたらす）／ねぶり箸（箸についたごはん粒などを舐《な》める）／寄せ箸（箸で料理の器を自分のほうに引き寄せる）／渡し箸（お箸を器の上に渡すようにのせる）／指し箸（持った箸で人を指す）……。

「そ、そんなにあるの？　とても覚えきれない！」

そんな印象を持った人が少なくないはず。しかし、大丈夫です。**料理をいただくことに感謝する心、器を大切にする心を持てば、ほとんどのタブーは自然に回避できます。**

たとえば、一つひとつの料理を「ありがたくいただこう」と思えば、いったん箸をつけてから、別の料理に箸を移すこともしなくなりますし、料理の上で箸を迷わすこともしないでしょう。料理を刺したり、汁をたらしたりもしませんね。器を大切に扱

正しいお箸の持ち方

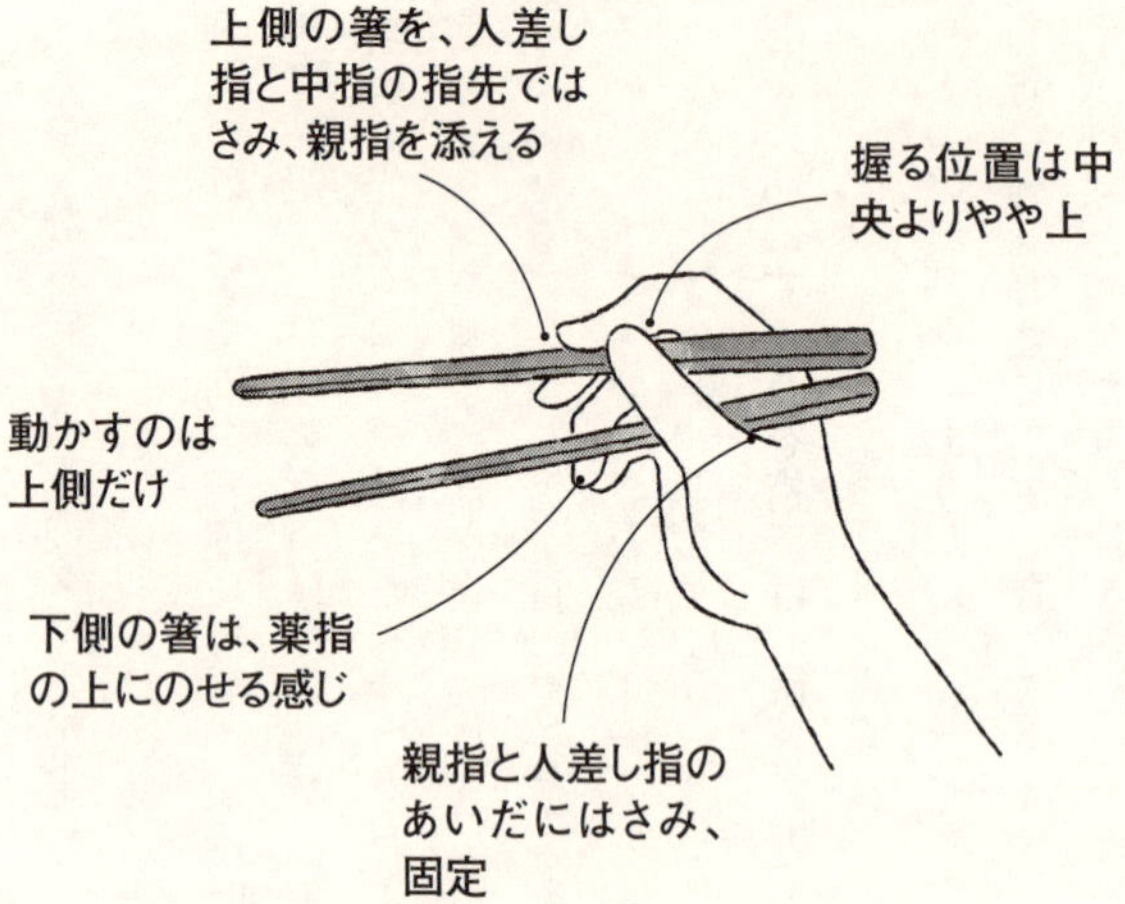
上側の箸を、人差し指と中指の指先ではさみ、親指を添える
握る位置は中央よりやや上
動かすのは上側だけ
下側の箸は、薬指の上にのせる感じ
親指と人差し指のあいだにはさみ、固定

忌み箸

移り箸

迷い箸・惑い箸

空箸

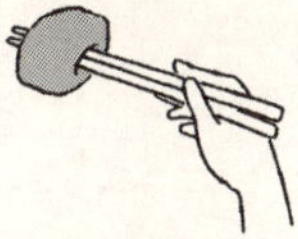

刺し箸

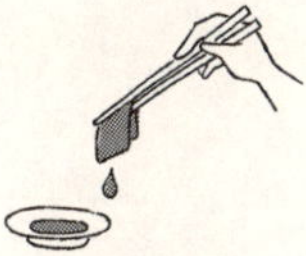

涙箸

ねぶり箸

寄せ箸

渡し箸

指し箸

かき箸

くわえ箸

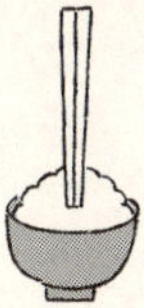

立て箸・仏箸

おうと思ったら、箸を器に不必要に接触させることもなくなる。心が所作を整えてくれるのです。ただし、修行僧の食事作法では、器の上に箸をのせることをおこないます。この点だけは一般の場合と異なります。

日本人は「お箸の国の人」。美しく使ってこそ、日本人の心意気を示せるというものです。ぜひ、自分自身を「しつけ」てください。

よく噛む。ひと口ごとに、お箸を置く

どんな料理も、素材をきちんと感じていただく。これも感謝をあらわすことにつながっています。そのためには、料理を口に運ぶごとに、いったんお箸を置くこと。お箸を持ったままでいると、まだ口に残っているあいだに他の料理に手が出てしまうことになりがち。お箸を置くことでその〝ひと口〟をよく噛み、素材を味わうことに専心できるのです。

禅には食事の前に唱える「五観《ごかん》の偈《げ》」というものがあります。原文（書き下し文）を紹介しましょう。

一《ひとつ》には功《こう》の多少《たしよう》を計《はか》り、彼《か》の来処《らいしよ》を量《はか》る
二《ふたつ》には己《おのれ》が徳行《とくぎよう》の、全欠《ぜんけつ》を忖《はか》って供《く》に応《おう》ず
三《みっ》には心《しん》を防《ふせ》ぎ過《とが》を離《はな》るることは、貪等《とんとう》の宗《しゆう》とす
四《よっ》には正《まさ》に良薬《りようやく》を事《こと》とするは、形枯《ぎようこ》を療《りよう》ぜんが為《ため》なり
五《いつつ》には成道《じようどう》の為《ため》の故《ゆえ》に、今此《いまこ》の食《じき》を受《う》く

それぞれの意味は、

一、この食事が調えられるまでのたくさんの人々の働きに感謝します
二、この食事をいただくにふさわしいおこないをしているかを省みます
三、心を正しくし、過ったおこないをしないために、貪《むさぼり》などの三毒を持たないことを誓います
四、食事は良薬であり、体をやしない、健康であるためにいただきます
五、自分の道を成し遂げるために、いまこの食事をいただきます

いずれも、食事をいただくにあたっての心がまえですが、できたら、原文を紙に書き写して、食事をする場所に貼っておき、唱えるようにしたらいかがでしょうか。仏教の「偈」や「真言」は、音の響きに力があるとされています。**唱えることで全身が音に包まれ、そのことによって心が整ってくる**、と考えるのです。

もちろん、はじめからすらすらでなくてもかまいません。**ゆっくりと丁寧に唱える。**それをあなたの食事前の所作にすることから始めてみませんか？　気持ちが凛《りん》と引き締まってきます。食事をいただくことのありがたさが、ズシンと心にしみ渡るはずです。「ひと口もおろそかにしないぞ！」。そうです。その決意が素材をよく味わい、美しく食べることに直結するのです。

食というのは、単なる飢えを満たすためのものでも、楽しみのためのものでもありません。人生や生活の基本を見直す機会なのです。毎日三回食事ができるということは、毎日三回、自分自身のこと、生活のことを見直す時間が持てるということです。

食器の扱い方

意外な盲点が多い、食器の扱い

西洋料理では、オードブルも魚料理も肉料理も、それぞれがひとつのお皿に盛られてサービスされます。オードブルを食べ終わると、そのお皿は下げられ、次のお皿が目の前に置かれる、というシステム。一方、和食では、さまざまな器に盛られた料理が、一度に何種類も並べられるのが一般的でしょう。

和食を美しく食べる基本は「器は手に持つ」ということ。器は置いたままで、しかも箸を持ちながらあれこれ料理を物色し、箸をつけるという人がいますが、あれはまったく美しくありませんし、〝禁じ手〟の所作です。ひと口ごとに箸を置くのがいいことはお話ししましたね。

器を胸元まで持っていけば、汁気のある煮物でも汁がたれることはありませんし、ひとつの料理を〝両手〟でいただいている所作になって、見た目もとても綺麗です。

よくお刺身などを食べるとき、掌で受ける、いわゆる「手盆」をする人がいますが、見栄えもよくありませんし、万一、お刺身が掌の上に落ちたらどうするのでしょう。そのまま口に運ぶか、箸で掌から〝拾いあげる〟か。どちらにしても、とてもよそ様にはお見せできない所作になってしまいます。これも「器は手に持つ」という原則どおり、醤油の入った小皿を胸元まで持っていけばいいのです。**「手盆」を正しい所作と思っている人が多いようですが、実際は、美しくない所作なので、覚えておくといいでしょう。**

椀物や、取り分けた料理の小皿を、直接手渡されることがありますね。このときも、美しい所作で対応できるかどうか勝負どころです。つい、左手で受けとり、そのまま箸をつけてしまいそうですが、これは「受け吸い」といって正しい所作から外れます。**必ず、いただいた器を一度テーブルやお膳に置き、あらためて手で持っていただきます。**

椀物のふたの扱いでも、さりげない気配りを感じさせる所作があります。左手でお椀を押さえ、右手でふたをとるのはもちろんですが、とったふたを縦にして水気をお椀のなかに落とすのです。ふたの裏側についた水滴でお膳を汚さないためですが、これは意外な盲点。それだけにキラリと光る所作です。

もののの持ち方

三本指で支えると、見た目に美しい

禅の食事では応量器《おうりょうき》と呼ばれる器を使います。五つの器が入り子になったもので、おかゆを受けるいちばん大きい器を「頭鉢《ずはつ》」といいます。これはお釈迦様の頭頂骨とされているため、とくに大切に扱うことになっていて、直接、口をつけることも許されません。食事を始めるときには、頭鉢を両手でおでこのあたりまで捧げ、「いただきます」と感謝をこめますが、この際の頭鉢の持ち方は禅に特有なものだと思います。

ふつう、両手で器を持つときは、五本の指すべてを使います。しかし、**禅僧は親指、人さし指、中指の三本で器を支える**のです。みなさんも実際にやってみるとわかると思いますが、このかたちがなかなか優雅で美しい。

親指、人さし指、中指を浄指《じょうし》といい、薬指と小指を不浄指といいます。詳しいことはわかりませんが、浄指は〝聖性〟と結びついているのです。インドではカレーを指で食べます。左手は不浄とされているため、使うのは右手。その際、男性は五本の指を使って食べるのに対し、女性は親指、人さし指、中指の三本だけで食べる、という話を聞いたことがあります。そのほうが、躾のよさ、品格の高さを感じさせるのだそうです。禅の食事作法では、この左右三本ずつの浄指だけを使い食事を進めていくことになっています。

日本にも手で食べてかまわない料理があります。その代表的なものがお鮨《すし》です。お鮨も三本の指でつまんだほうが「粋《いき》」を感じさせます。五本の指を総動員すると〝鷲《わし》づかみ〟というイメージですが、三本なら〝ちょいとつまむ〟というソフト感と軽さがあって、粋な所作と映るのでしょう。

日常生活でも、仕事のデスクや食卓のテーブルの上のものを指で取り上げることがよくあります。そんなときも、三本の指を使うとなぜか品がいい感じになります。隠れた所作のコツかもしれません。

包む所作①

風呂敷は心を包むもの

ものを包む。いうまでもなく、**ものを大切に扱う所作**です。日本では長いあいだ風呂敷がその任を担ってきました。包み方はいろいろでも、包むには一定の時間がかかる。そのあいだに**心も包み込まれる**のです。「ポン」と放り込めばすんでしまう紙袋とは決定的な違いです。風呂敷の活用範囲をもっと広げましょう。何かの記念日やクリスマス、バレンタインデイなどに、親しい人にプレゼントを差し上げる、ということがあります。そんなときに風呂敷を使ったらいかがでしょう。

風呂敷包みというと〝古くさい〟イメージしかないかもしれませんが、包み方のバリエーションは驚くほど豊富。インターネットを検索すれば、四角い箱型のものの包み方はもちろん、ビン状のものを包む方法、丸いもの、長いものの包み方などが、「こんなにあるの？」というほどたくさん紹介されています。**〝かたちがあるものは、なんでも包める〟**のが、なんといっても風呂敷の最大の強みです。

素材や色やデザインも、季節を感じさせるものや、おしゃれなラッピングにふさわしいものがいくらでもあります。好みに合わせて選んだ風呂敷で包んだプレゼントは、いっそう心を感じさせるに違いありません。

相手の星座がデザインされたものなどをさりげなく手渡すと、

「あれっ、これって射手座がデザインされてるの？　そうか、覚えていてくれたんだ。感動だなぁ！」

ということになるかもしれません。自宅に招いたお客様を送る際に、何か持参していただくときなども、持ちやすい包み方をした風呂敷でお渡しする。紙袋が全盛の現代だからこそ、行き届いた心配りを感じさせるはずです。

盆暮れのお中元、お歳暮も、「そのままお納めください」のひと言を添えて、風呂敷包みごとお渡ししたらどうでしょう。食品を送る場合、使ってしまえばそれはなくなってしまいますが、風呂敷はいつまでも残ります。そこに包み込んだ心が残るのです。そうして、美しい時間が、あなたから相手の方へとバトンタッチされて続いてゆくのではないでしょうか。

包む所作②

袱紗を使えば、心をさらにこめられる

「袱紗《ふくさ》」と聞いて、すぐに「あれだ」とわかる人はどのくらいいるでしょうか。茶道の心得がある人や、ある程度の年齢の人には〝常識〟でも、若い世代には皆目見当がつかない、という人がいるかもしれません。

袱紗は風呂敷と同じようにものを包む布ですが、大きく違っている点があります。風呂敷が一枚布なのに対して、袱紗は裏生地がついた二枚合わせになっていることです。ものを大切にするという思いを、**風呂敷以上にあらわしているのが、袱紗**だといっていいでしょう。

元来は風呂敷と同じ一枚布で、貴重品を納めた箱の上にかけられるものでした。その後、贈答品を持参するときの汚れや日焼けを防止する目的で使われるようになり、裏生地がついてからは主に金品を贈る際に用いられるようになったのです。
茶道では茶道具を拭いて清めたり、茶碗を扱ったりするときに使われる袱紗ですが、一般的には結婚式や葬儀で祝儀や香典を包むものとして知られています。袱紗で金品を包むのは、のし袋がしわになったり、水引がずれたりしないため、というのはもちろんですが、さらにこんな意味もあるのです。

「先方のよろこびや悲しみをともにする」

袱紗の語源は「ふくさ」という形容動詞だそうです。その意味は、やわらかい、ふっくらしたということ。道元禅師は、相手のよろこびも悲しみもわがものとすることを、「同時」という言葉であらわしました。その**「同時」の思いをそっとやわらかく包み込むものは、やはり、袱紗以外にはありません。**

現代人の生活からは、日本の文化が急速に失われていっています。ひと昔前までは、ご法事のお布施を塗り物の台にのせ、その上に掛け袱紗をして丁寧にお持ちになられる方が時折いましたが、近年ではほとんど見ることがなくなってしまいました。袱紗を使うことも文化に触れることです。その成り立ちや意味を知っていれば、使い方にも心がこもるはず。心がこもった所作が美しいことはいうまでもありませんね。

第三章

所作とは、生きる意味を知り、生きる実感を得るためのものである

仏教とは、生きる意味を知ることであり、立ち居ふるまいのすべてが修行

「なんのために禅の修行をするのですか？」

そんな質問を受けることがあります。さまざまな答え方があると思いますが、根本はひとつです。

「生《しょう》を明《あき》らめ、死を明らむるは、仏家《ぶつけ》一大事の因縁なり」

これは道元禅師の言葉ですが、**生きるとはどういうことなのか、死をどう捉え、それをどのように受け入れたらいいのか、を見つけるために修行はある、**と解釈していいでしょう。

禅では、坐禅や読経ばかりでなく、**行住坐臥《ぎょうじゅうざが》、**歩くこと、とどまること、座ること、

寝ることのすべて、すなわち、**日常の立ち居ふるまいの一切合切が修行**ですから、禅僧は日々、常に生きる意味を、そして、生を受けたら誰もが必ず迎えることになる死の意味を、ふるまいのなかに問い続けているのだ、といえるかもしれません。

みなさんの生活は修行生活とは違ったものだと思いますが、**「生きる意味」はやはり、日々の暮らしのなか、その行住坐臥のなかで見つける以外にありません。**

何気なく暮らしている日々のなかで、ふと何かを感じる、何かに気づく、といったことがありませんか？

一心不乱に仕事に打ち込んで、ようやく仕上がったとき、「ふぅ〜」とついた長い息とともに清々しい気持ちになった。

思いがけずかかってきた郷里の母親からの電話の、聞き慣れた、けれど懐かしい「元気かい？」の声に、なぜか胸が熱くなった。

電車で席を譲ったら、とびきりの笑顔で感謝の言葉を告げられ、照れくさかったけれど、うれしくなった。

精魂こめてひとつのことに向き合う、親の存在にあらためて思いを馳せる、小さな思いやりがもたらすものを知る……そうしたことを通して感じたり、気づいたりしたことは、どこかで生きる意味とつながっている気がします。一つひとつの時間を丁寧に生きながら、ゆっくり見つけていきましょう。

人生に定年はない！
所作を整えれば、日々は充実する

「これで人生ひと区切りか」。そう考えるのは、定年を迎えたとき、仕事の第一線を退いたときかもしれません。定年後の夫の姿を揶揄《やゆ》した「濡れ落ち葉」という言葉がありました。家庭で居場所も存在感も失った元企業戦士が、なすこともないまま、やたらと妻にくっつく様を、踏みつけたらなかなか離れない濡れ落ち葉になぞらえたものです。

確かに、長く続けてきた仕事を辞めるということは、大きな変化には違いありません。しかし、**仕事に定年はあっても、人生に定年はない**のです。定年後の生活を「余生を送る」といったりしますが、〝余った生〟などあると思いますか？

私たちはそのときどきで、かけがえのない生を生きている、いっぱいの命をいただいているのです。背中を丸め、日がな退屈に時間を費やし、来し方を思ってグチのひとつも吐く、というのでは、命に対して申し訳ない。

仏教には**「身口意《しんくい》の三業《さんごう》」**という言葉があります。身**（身業《しんごう》）**は身体、口**（口業《くごう》）**は言葉、意**（意業《いごう》）**は心です。この三つを整えて生きなさい、と仏教は教えます。**まずは身業、背筋をシャキッと伸ばしましょう。**姿勢を正すと気分が違ってきます。背筋を伸ばせば胸も広がり、呼吸もゆっくりと深いものになる。全身の血流がよくなって溌剌《はつらつ》としてくるのです。

定年後の夫婦二人の生活で、もっとも欠けがちなのが会話、つまり口業です。現役のときでさえ、「めし」「風呂」「寝る」の三語が夫の〝家庭内会話〟だなんていわれることもありますが、会話がなくなった家庭の雰囲気は澱んだものになります。

朝、**お腹から声を出して「おはよう」といってみる。**それだけで雰囲気は一変します。打てば響くという言葉がありますが、まさにそれ。挨拶を交わし合えば、表情も和み、笑顔のある朝の時間が過ごせるのです。

身口意は三位一体ですから、自然に心（意業）もついてきます。前向きなやわらかい心になって「余生」は「充実の生」に変わります。

生とは、生ききること。生ききるためには、所作を丁寧に重ねていくこと

ある程度まで歳を重ねると、がぜん現実味を帯びてくるのが「死」の問題です。死が一〇〇%誰の身にも訪れることはわかっているのに、若いうちは自分には永遠の生があるような感覚でいるもの。しかし、両親をはじめとして年長者の身内を送り、友人、知人の葬儀に参列するようになると、「自分はどんな死に方をするのだろうなぁ?」という思いが、心に棲《す》みつくようになります。

できれば、〝立派〟な死に方をしたい。そう考えていますか? では、**立派な死に方とはどのようなものなのでしょう。** 私の先代から聞いたこんな話があります。ある禅僧が亡くなる際のエピソードです。

高齢になられてからも、その方は修行僧と同じような生活をされていた。その日も、いつもと変わらず、自分で下着の洗濯をし、干したのですが、その後、「そろそろ、お迎えがくる頃じゃな。少し横になるとするか」と弟子に告げて、みずから床をとったというのです。その直前まで、いつもどおりだったわけですから、弟子たちも「少しお疲れになったのかな」というくらいに受けとめていました。しかし、食事の時間になっても、姿を見せない。気になった弟子が部屋に様子を見にいくと、そのまま息を引き取っておられた、といいます。

近くにいる弟子たちにさえ〝異変〟を感じとらせない、どこまでも自然な死の迎え方です。「往生の理想」とはそういうものでしょう。しかし、このような逝き方だけが立派なのかというと、私は少し違うな、と思っています。

〝一休さん〟の名でいまも親しまれている一休宗純禅師にこんな逸話が残っています。一休さんのもとに、さる大名屋敷から使いの者がやってきた。主人が死を間近にして不安に苛《さいな》まれ、恐れおののいているから、何か心を落ち着かせるひと言をいって聞かせて欲しい、というのが用向きでした。

屋敷に赴いた一休さんは、臨終の床にいる大名に、こうひと言だけ告げます。

「心配するな。わしも後から逝くから、先に逝っていなさい」

大名の不安や恐怖は、この言葉で拭い払われたのではないでしょうか。死ぬのは何も特別なことではない。早いか遅いかだけの違いで、誰もが行く道なのだから、心配などどこにもない。そんな一休さんの言葉によって、心を騒がせていたさまざまな思いは消え、大名は安らかに生涯を終えたのだと思います。

思いを残さず、「安心」してこの世に別れを告げる。大切なのはそのことでしょう。安心をもたらすのは、やはり、**一瞬、一瞬を丹念に生きること、恥じないふるまい、心のこもった所作によって、美しい時間を積み重ねていくこと**、だと思います。それを続けるから、どの瞬間も心にわだかまるものがないし、思いが残ることもないのです。

それが**「生ききっている」姿**です。死はいつ訪れるかわかりません。いつそれがやってきても、生ききっていれば、安心。その先にあるのは、どのようなかたちであっても、それぞれにふさわしい立派な死です。

季節が巡ることを知る
——朝の散歩と、旬の食材をいただくこと

現代人の生活から失われている最たるものといえば、季節感があげられるでしょう。**移ろいゆく季節を肌で感じることは、自分が生きているのを実感すること**。「また、春がやってきたなぁ」という思いの底には、その春に生きているという、よろこびがあるはずです。

季節を感じるには、**朝、決まった時間に散歩をする**のがいい。朝の清澄《せいちょう》な空気のなかで歩をすすめると、かすかな変化にも気づかされます。「あっ、蕾《つぼみ》がきのうよりずっとふくらんでいる」「一晩でこんなに落ち葉が降り積もったんだ」……。自然の営みと命の鼓動が一体となって時を刻む瞬間かもしれません。

ただし、忙しくて散歩をする時間なんかつくれそうもない、という人も多いのではないでしょうか。そこで、ひとつ提案をしたいと思います。

四季折々に「旬の食材」をいただく、というのがそれです。江戸時代の俳人・山口素《そ》堂《どう》の次の句はよく知られています。

「目には青葉　山ほととぎす　初がつお」

旬の食材は季節感そのものです。江戸っ子は先を争って初がつおを求め、女房を質に入れてでも食するのが〝粋〟とされていたとも聞きます。お目当ての初がつおをたっぷりと頬ばって、「今年も夏がくるぜぃ。ありがてぇな」なんて悦に入っている江戸っ子の姿は、季節とともに生きるよろこびにあふれていたに違いありません。

そんな〝江戸っ子流儀〟を取り入れてはいかがでしょう。季節ごとの旬の食材はインターネットで検索すれば簡単にわかりますし、旬の食材カレンダーといったものもあります。また、旬のものはだいたい、スーパーや八百屋さんの店先に出てきます。

春夏秋冬それぞれに、一日でいいから、これぞ旬という魚介類を中心に、野菜やキノコ、果物なども加えて、〝旬尽くし〟を味わう時間を持つことをおすすめします。

朝の深呼吸と四方拝

一日をうまく滑り出せるかどうかは、「朝」にかかっています。朝、自分をよい状態に整えるための所作として、即効性があるのが呼吸です。

庭やベランダに出て、外気を感じながら大きく深呼吸をする。おへその下二寸五分（約七・五センチ）の位置にある「丹田」に意識を集中して、ゆっくりと息を吐ききります。吐ききると自然に空気が入ってきますから、吸うことを意識する必要はありません。

深く呼吸をすることで、血行がよくなり、目覚めきっていない身体の細胞も活発に働き始めます。身体があたたまり、心が落ち着いてくる。なにより、**朝の太陽の光は**

格別です。キラキラ降り注ぐ光を浴びていると、新しい命が吹き込まれる気がするから不思議。日本には、山に登ってご来光を拝むという風習がありますが、陽光には、誰でも思わず合掌せずにはいられなくなる神々しさがあり、人に力を与えてくれるのです。

しばし光のなかにいると、生きていることのありがたさが感じられる。かつて、日本には**「四方拝《しほうはい》」**と呼ばれる所作がありました。東西南北の四方を向いて、深く頭を下げるというものですが、これには由緒正しき起源があります。

始まったのは平安時代、嵯峨《さが》天皇の頃だといわれています。元旦の午前五時三〇分、束帯《そくたい》を着用された天皇が、宮中・清涼殿の東庭に出御、伊勢神宮に向かって拝礼され、次いで四方の神々や父母の天皇陵の方角を拝される、というのが元来の四方拝。その年の国家、国民の安寧と五穀豊穣を祈念する、一年でもっとも早くおこなわれる宮中儀式でした。ちなみに、多少、形式が変わったものの、現在も皇室の私的行事として、今上天皇によっておこなわれています。

四方拝はその後、貴族のあいだでもおこなわれるようになり、庶民層にも広がりました。いつからか、すっかり目にすることがなくなりましたが、よき伝統を復活させることになんの躊躇《ちゅうちょ》もいりません。「深呼吸十四方拝」で毎日いい朝を迎え、生きていることへの感謝の心を育てましょう。

毎晩が、自分のお葬式である——一日の区切りの所作を見つける

悩みなどを抱え込むと、何日も何日も、それが心を占領してしまって、身動きがとれない、といったことがあるかもしれません。そんな日は、「美しい日」とはいえません。できれば、**一日ごとにさらりとその日の悩みに決着をつけるのがいい。**

臨済宗のお坊さんのこんな話を聞いたことがあります。その禅僧は、毎晩、自分のお葬式をしたというのです。それをもってその日は終わり（その日の自分は死んで）、翌朝は新しい自分として生まれ変わるというわけです。毎朝、新たな命をいただいたら、過去のしがらみやわだかまりから離れて、自由な発想、とらわれない行動ができそうですね。

お葬式というと、少し抵抗があるかもしれませんから、何かひとつ**「区切りの所作」**を見つけて、毎晩、実践したらいかがでしょう。寝る前に、必ず、その所作をおこなう。ご先祖様をお祀《まつ》りしている仏壇があったら、その前で手を合わせて、その日の報告をするのがいいでしょう。命がつながっているご先祖様に心の内を語ることで、穏やかな自分になれるはずです。

もちろん、ごく日常的なことでもいいのです。いちばん好きな音楽を聴く、見るだけで心があったかくなる画集を開く、お気に入りの詩人の詩集を読む、あるいは、定番ですが、日記を書くということだっていい。

さて、ここからが肝心なのですが、その**区切りの所作の最後に「喝《かつ》」とひと声出しましょう。**

喝は禅語で、臨済義玄《りんざいぎげん》禅師がよく用いたことが知られています。禅師は「臨済四《し》喝《かつ》」のなかで喝の四つの意味を解説していますが、そのなかのひとつに「有る時の一喝は金剛王宝剣の如く」というものがあります。

金剛王宝剣とは、他と比較できないほどの名刀。その名刀が一刀両断のもとになんでも切ってしまうように、**喝は、迷いや悩みを断ちきってくれる**というのです。

さまざまなことがあった一日。心にわだかまっていることがあったり、とらわれていることがあったりしても、不思議はありません。それらをすっぱり断ちきって、その日に引導を渡す、「区切り」をつけるのに、喝ほど的確な言葉はないのです。

この区切りの所作は、続けることが大切。最初は、「喝」といってみたものの、心のモヤモヤがなかなか消えず、区切りがついた気がしない、ということになるかもしれません。しかし、続けているうちに、所作が（区切る）心をつくってくれるのです。

プロ野球の米メジャーリーグで大活躍しているイチロー選手は、バッターボックスに入る前に、いつもまったく同じ、ストレッチを中心とした一連の動作をしています。いわゆる、ルーティン（ワーク）ですが、そのことによって、常に同じ心の状態、闘志を秘めた平常心でバッターボックスに立てるのです。

所作が心をつくっているみごとな代表例でしょう。

さあ、毎朝、新しい命をいただいて生きる準備に、すぐさま着手です。

ビルから毎日夕日を見る
――日々への感謝に気づける

都会で生活していると、自然と触れ合う機会はきわめてかぎられたものになります。大都会にも公園や緑がないわけではありませんが、そこもただ通り過ぎるだけということがほとんど。しばし佇《たたず》んで自然のなかに身を置くということは、数えるほどしかないといっていいのではないでしょうか。

しかし、林立するビル群のなかでも日常的に自然を感じることはできます。ビルの屋上に立って、夕日を眺めるのです。沈みゆく夕日は、時間の移ろいを、余すところなく体現しています。

毎日夕日を眺めるだけで、気づくことがあるでしょう。空の色は日々違うし、雲のかたちも、日の強さも当然違う。刻々と空の色は変わっていく。そもそも夕焼けの色といっても、ものすごくバリエーションがあります。季節によって、日が落ちる時間も違う。時間が常に流れていくということも実感できるでしょう。

一瞬一瞬は移ろいゆくもので、とどまるものではないからこそ、その一瞬をおろそかにしてはならない――そんな気持ちを噛みしめることができるでしょう。毎日毎日を大切に思える。今日一日元気に過ごせたことに感謝をしたくなる。夕日を眺めることで、あなたの一日は満たされていくのです。

禅寺の玄関や僧堂には、時の合図や来訪者が到着を知らせるために打つ「木版《もっぱん》」と呼ばれる板がかかっています。その板に書かれているのが**「生死事大《しょうじじだい》、無常迅速《むじょうじんそく》、各《かく》宜《ぎ》醒覚《せいかく》、謹勿放逸《つつしんでほういつするなかれ》」**の文字。

このなかの「無常迅速、各宜醒覚」の意味は、**あらゆるものはまたたく間に移り変わっていく。おのおのこのことにしっかりと目覚めて、無駄な時間を過ごしてはならない、**ということです。そんなことはわかっている、という人が少なくないと思いますが、わかりすぎているから、かえって意識の外に置かれてしまうのです。

「光陰矢のごとし」「歳月人を待たず」など、時間についての警句がたくさんあるのも、そのことを物語っています。

雲水が修行をする僧堂では、ことあるごとに、木版を打ち鳴らします。禅の修行僧であっても、ともすると、それを忘れがちになるから、心せよ、という意味あいからです。毎日、夕日を眺めることは、この木版の音を聞くことにも等しい、といえるかもしれません。

修行僧が木版の音で〝はっ〟と「無常迅速、各宜醒覚」に思いを致すように、夕日を見ながら時間の大切さを噛みしめてください。

時間を大切にする人は、真摯に生と向き合う人です。そして、美しく人生を紡いでいく人です。

働くことの意味

「はた」「らく」のは、自分のためでなく、他をラクにするため

生きていくうえで仕事は大きなウエイトを占めています。ここで、「働く」ということの意味を考えてみましょう。

仕事に対する考え方、つまり仕事観は、洋の東西で違うようです。より正確にいえば、狩猟民族と農耕民族の仕事観は対照的です。

狩猟民族の仕事観にかかわっているのは、『旧約聖書』にある、エデンの園に住むアダムとイブの逸話です。二人は知恵の実を食べた罪でエデンの園を追われますが、その際、神はアダムに「今後は働いてパンを得なければならない」と告げます。労働を罰として与えたのです。ここから、「労働は懲罰」とする仕事観が生まれました。

一方、農耕民族は、働くことを神々に仕えることだと考えます。神に仕えることはよろこびです。そう、**仕事の一つひとつの所作は、命を輝かせる時間、生のよろこび**だとするのが、その仕事観なのです。

日本人は農耕民族ですから、働くことは、本来、生きるよろこびそのものであるはずです。日本人の類《たぐ》い希《まれ》な勤勉さの根底にあるのは、消えかけてはいますが、かすかに残っているその意識かもしれません。しかし、いまはなかなかそうは感じられないのが現実でしょう。少し視点を変えてみましょう。

働くという言葉は、「傍《はた》を」「ラクにする」ことに通じています。自分が一所懸命働いて、周囲をラクにする。これは仏教の「**利他**」という考え方にも似ています。自分のことはひとまず措いて、他人のことを考える、他人のためになることを率先しておこなう、というのが利他です。いかがでしょう、この視点に立ったら、働くことがよろこびにつながる、という世界が少しずつ近づいてくるような気がしませんか？

禅では働くことを作務といって、ひじょうに重要な修行と位置づけています。修行だから、そのことにひたすら打ち込む。すると、どこかで周囲をラクにさせることにつながって、なんらかの役に立つことになるし、自分もとても充実した気持ちになれるのです。充実感はよろこびです。

さあ、いまから、〝傍ラク〟の意識を持つことにしませんか？

姿勢を整えれば自信がつき、存在感が出る

確固たる存在感のある人がいます。その存在感を支える基盤になっているのは、自信と誇りではないでしょうか。では、自信と誇りを持つためにはどうしたらいいのか。それを解き明かすもっとも有効な手段は、〝現物〟をじっくり観察してみることです。**自信と誇りを感じさせる人は、姿勢がピシッとしています。**逆に「自信なげ」という言葉からはどんな様子が連想されますか？　背中が丸まり、前かがみになり、肩を落とした、いわゆるうなだれた姿勢でしょう。

「自信」と「姿勢」は不可分。自信があるか、ないかは、はっきり姿勢にあらわれるのです。背筋が伸び、胸を張った姿勢になると、自然に呼吸も深くなり、態度にもど

っしりした安定感が生まれます。浅い呼吸の人が落ち着きがなく、せわしない印象を与えるのとは真逆です。

さらに、声もよく通るようになります。これは豊かな声量で歌い上げるオペラ歌手の姿勢を見れば一目瞭然。男性も女性も、例外なく、理想的ともいうべき美しい姿勢をしています。

姿勢はあらゆる所作（立ち居ふるまい）の基本です。**その姿勢が「呼吸」にも「声」にも大きく影響している。そして、「心」にも自信をもたらす**のです。誇りと自信はコインの裏表。揺るぎない自信が持てたら、放っておいたって誇りが湧いてきます。

会議などで、末席に座っていても、その場をリードしている人がいます。自信にあふれ、発言にも澱《よど》みがなく、ふるまいも堂々としている。ですから、その人が会議の中心にいるような空気が醸し出されるのです。それがまさしく「存在感」です。

「自信を持たなくちゃいけないな」と考えている人は多いでしょう。しかし、考えているだけでは何も実現しません。**まず、姿勢を正してみる。**それが禅の教えです。そこから自信がみなぎってくるまでのプロセスを、ぜひ、身をもって体感してください。

美しい姿勢

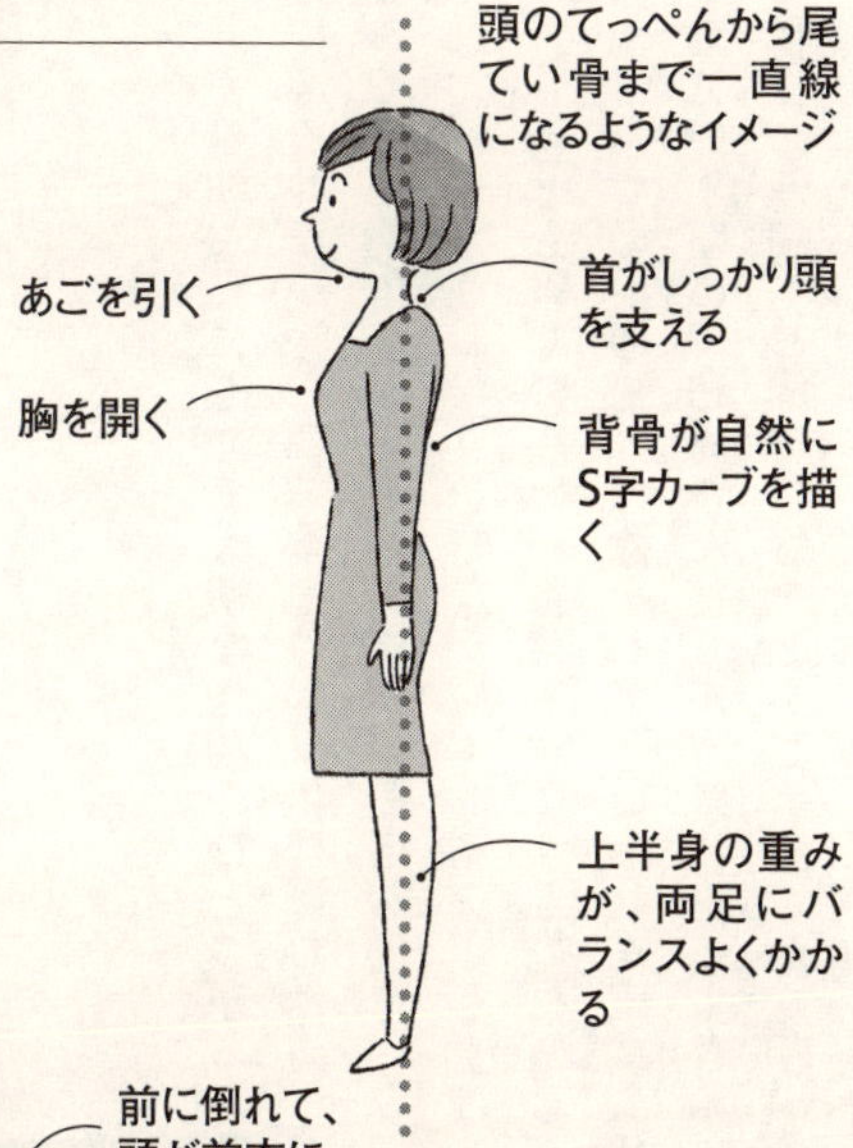
頭のてっぺんから尾てい骨まで一直線になるようなイメージ
あごを引く
首がしっかり頭を支える
胸を開く
背骨が自然にS字カーブを描く
上半身の重みが、両足にバランスよくかかる

悪い姿勢

前に倒れて、頭が前方に落ちる
肩は後ろに下がり、前かがみ
胸が圧迫され、内臓にも負担

日々の豊かさを知る所作①

毎朝お茶を丁寧にいれる

寺で迎える朝、私にとって大切な作務のひとつが「お茶をいれる」ということです。敷地内にある井戸から、朝一番の若水（仏様にお供えする水）を汲《く》み、鉄瓶《てつびん》といいたいところですが薬缶《やかん》で湯を沸かします。そのお湯で、安置されている仏様の数だけお茶をいれ、一体ずつお参りをしながら、お茶を差し上げる。仏様は香りを楽しまれますから、もっとも香りの高い一番茶を誰よりも先に楽しんでいただくのです。

それから本堂の前の掃き掃除をして、いったん庫裏《くり》（住まい）に戻り、衣を着て準備を整えている頃に、和尚さんたちが本堂にやってき始めます。和尚さんたちといっしょに仏様の蠟燭《ろうそく》、お線香に灯をともし、そこから朝のお勤め（読経）です。

お勤めが終わると、その日になすべきことをそれぞれが確認し合う打ち合わせをおこないますが、そのときは、私が和尚さんたちにお茶をいれ、そろっていただきます。

毎日、同じように繰り返される朝の風景ですが、**お茶をゆっくりといただくと、気持ちが穏やかになります。その日一日を一所懸命生きよう、という思いで心がいっぱいになる。気持ちが引き締まってくる**のです。これはお茶の効用だ、と思っています。

栄西禅師の『喫茶養生記《きっさようじょうき》』には、お茶は二日酔いにもいい、と書いてあります。前夜にお酒を少々過ごされた将軍にお茶をすすめた、というようなエピソードがしるされている。私はほとんど酒を嗜《たしな》みませんが、仕事のあとの〝一献〟は欠かせない、という人は朝の所作として「お茶を飲む」ことを加えたらどうでしょう。

いままでより少し早く起きて、湯を沸かし、急須にお茶の葉を入れて、お湯を注ぎ、香りと味がとけ出したところで、湯飲み茶碗に移していただく。――なんでもない一連の所作ですが、その日その日で、「きょうは香りがよく出ているな」「お茶の葉を入れすぎたか……」など、違った思いが湧くはずです。**どんな朝も豊かなのです。**美しく豊かな時間のつくり方のヒントに、お茶をいかがですか。

日々の豊かさを知る所作②

朝、そこにいない人にお茶を差し上げる習慣

朝のお茶について、もう少し話を続けましょう。

毎朝、私がお茶を差し上げるのは、まず、ご本尊様（お釈迦様）、そして子安観音様（観世音菩薩）の順です。それから、ご開山様（徳雄山建功寺を開かれた大洲長譽《だいしゅうちょうよ》大和尚《だいおしょう》）、高祖と仰ぐ曹洞宗の開祖・道元禅師様、そして太祖と仰ぐ總持《そうじ》寺《じ》を開かれた瑩山《けいざん》禅師様と続きます。もちろん、歴代住職や先代、ご先祖様にも差し上げます。

どなたの前でも、その日一日が無事に過ごせますように、との思いで「あたたかいお茶が入りました。どうぞ、召し上がってください」と声をかけます。**結んでいただいている縁のありがたさを感じる瞬間**です。

その後、和尚さんたちといただくお茶は、仏様に差し上げたお茶の「お裾分け」。その**一杯からも過去からつながって生きている自分、生かされている自分を感じることができるの**です。

みなさんも、「そんな朝」を自分のものにしてみてはいかがでしょう。

「だって、独り暮らしで、うちには仏様なんていないし……」

まあ、そんなことはいわないで。部屋に祖父母や離れて暮らす両親の写真を飾っていませんか？　あるいは、恋人や大切な人の写真がないでしょうか。写真がなくたって、感謝の思いを伝えたい人、会いたい人、懐かしい人……はいるはずです。

朝いれたお茶を、最初にその人に差し上げるのです。小さなスペースでいいですから、小綺麗に場所を整えて、「おはようございます。今朝、いちばんのお茶が入りましたよ。どうぞ、召し上がって……」と語りかけながら、香りが立っているお茶をお供えする。

思いは自然にその人とのつながりに向かいます。「元気でいるかな？」「お世話になったな」「楽しい思い出がたくさんあるなぁ」……。お裾分けのお茶を味わいながら、その人と〝いっしょに〟過ごす朝は、一日の始まりとして「絶品!」だと思いませんか?

誰かのために何かをする。誰かによろこんでもらえる。一六一ページで「利他」という言葉を紹介しましたが、自分は措いて、まず、その人にお茶を差し上げるのですから、この朝の所作はまさしくそれです。そういうふうに過ごせる時間は、なんと美しいことでしょうか。

日々を振り返ってみてください。「利他」を実践する機会にも、状況にも、そうそうめぐり逢えるものではないですね。しかし、この「利他」なら、自分がそう決めたら確実にできる。自力だけで実践できるのです。

「利他」につとめる時間から始まる一日。すばらしい日になるに決まっていますよ……きっと!

日々の豊かさを知る所作③

いい茶碗を使う。「一流」に触れることで、自分自身が高められる

お茶やコーヒー、紅茶、その他の飲料を飲むとき、どんな器を使っていますか？

なかにはこんな〝つわもの〟がいるのではないでしょうか。

「飲料関係はすべてペットボトル。当然、ラッパ飲み」

飲み物に関して〝器のない〟生活を送っている、というわけです。そこまでではなくても、ひとつのマグカップであらゆる飲料を賄《まかな》っている、という人もいそうです。合理性という点では一定の評価はできますが、それではやはり、生活にうるおいがなくなります。

そこで、提案です。自分のためにひとつだけ「いい湯飲み茶碗」を買い求めたらど

うでしょう。気に入った、しかも、**造りのいい茶碗なら、大切に、丁寧に、扱うことになるはず**です。いままでのように、使ったあと、流し台に置きっぱなしにすることもないでしょう。すぐさま洗って決まった置き場所にしまう、というふうに変わってくる。そして、いつかそれが習い性になる。

そうした所作の習慣は、湯飲み茶碗ばかりでなく、あらゆるものに対する扱いに及ぶのは必定です。「どんなものも、大切に、丁寧に、扱う」ようになっていきます。もちろん、日本茶よりはコーヒー、紅茶が好みで、それらを味わう時間を大事にしているということなら、コーヒー、あるいは紅茶用のカップ＆ソーサーのいいものを一脚そろえればいい。それで同じ変化が起こります。

いい茶碗で飲むお茶の味は格別です。自然と器を丁寧に扱いますから、飲む所作もゆったりとしたものになる。**心に余裕が生まれ、豊かな時間が過ごせる**のです。**一級品、一流品にはそれだけの価値があります。**こんな言い方があるのを知っていますか？　「二流、三流のホテルの最高級の部屋に泊まるより、一流ホテルのもっとも低いグレードの部屋に泊まったほうがいい」。

一流と二流、三流の差はサービスにあらわれます。対応するスタッフの物腰（所作）も、言葉遣いも、気配りも、何もかもが一流とそれ以外とでは違うのです。一流はすべてが行き届いている。さる一流ホテルのドアマンは、リピーター客全員の名前と顔を正確に記憶していたといいます。ドアを開けながら「○○様いらっしゃいませ」、連泊している場合は「○○様お帰りなさいませ」。そう声をかけられた宿泊客がどんな気持ちになるかは、容易に想像できるのではないでしょうか。その極上のもてなしに感動することは間違いありません。

一流に触れると、それだけで心の琴線が震える、心が清々しくなるのです。禅語に「薫習《くんじゅう》」という言葉があります。よい師と触れ合っていると、知らぬ間にその立ち居ふるまいや、ものの考え方が身についてくる、という意味です。

一級品の湯飲み茶碗にも同じことがいえるのではないでしょうか。つまり、それと毎日触れ合っていることで、その〝一級〟にふさわしい所作が身についてくる。さあ、そんな変化を、あなたのものにしてください。

日々の豊かさを知る所作④

鉄瓶のある暮らしで、キッチン全体が美しく変わる理由

同じお茶の葉でも、水によって味が変わります。もっといえば、同じ水を使っても、沸かし方によって、味ははっきり変化するのです。いちばん理想的なのは、薪《まき》と鉄瓶の組み合わせ。薪で沸かしたお湯でいれたお茶は、やわらかくてまろやかです。薪に次ぐのは炭ですが、これも深い味わいのお茶になります。

もっとも、この時代に薪や炭を使うことは、一般的には考えにくいでしょう。通常はガスかＩＨのコンロを使っている。なかには電子レンジで沸かすというお手軽派がいるかもしれませんが、レンジで沸かしたお湯は舌に刺さるような感覚で、お茶の葉とはいかにも相性が悪いのです。

薪や炭は無理でも、鉄瓶なら現代の生活に取り入れられるのではないでしょうか。ガスやＩＨのコンロで沸かしても、鉄瓶で沸かすとアルミ製の薬缶《やかん》などとは別格の味になります。値段は張りますが、骨董店などをこまめにまわると手頃なものが見つかる。すでに使い込まれた鉄瓶も、そこはかとない風情を感じさせるものです。

鉄瓶のある暮らしは、おいしいお茶がいただける、ということだけでなく、生活に変化をもたらします。キッチンの景色が変わる。これぞ、〝燻《いぶ》し銀〟という重厚な存在感のある鉄瓶がレンジに置かれていると、レンジまわりを油まみれ、汚れ放題にしておくことができなくなります。

人間でも大きな存在感がある人に対しては、自然にそれ相応の敬意を払った対応をするものです。ものでも同じ。

「やはり野に置け蓮華草《れんげそう》」という言葉がありますが、蓮華草が野辺に咲いてこそ美しいように、鉄瓶には綺麗に磨き込まれたレンジこそ、置き場所にふさわしいのです。汚しておけなくなる。

レンジまわりを綺麗にするようになったら、その波及効果はシンクやキッチン全体にまで及ぶでしょう。ひとつの鉄瓶（その鉄瓶と縁を結ぶこと）が、いつもキッチンを綺麗にしておくという、美しい所作を引き出す。良縁の連鎖の妙です。

日々の豊かさを知る所作⑤

電子レンジで「チン」は最小限に——時間をかけて調理をする理由

あなたの部屋に包丁はありますか？　なぜ、そんな質問をするのか、と怪訝《けげん》に思うかもしれませんが、若い世代には、包丁もまな板もない生活をしている人が、けっこういると聞くからです。なにしろ、電子レンジの「チン」だけで調理完了という冷凍食品やレトルト食品のラインナップは、充実の一途。およそ、考えつくメニューでそこにないものはないほどです。

誰かに食事をふるまう、というときだって、売り場をひとめぐりすれば、テーブルを飾る多彩な料理がそろってしまう。あとは何回か「チン」をすれば、ホームパーティの準備は整います。

「しかし……」と思うのです。それではやっぱり寂しくはありませんか？　禅では書のことを「墨跡《ぼくせき》」といいますが、たった一字をしるすときにも、時間をかけて墨をすります。墨汁を使えば手っ取り早いことは、もちろん、わかっています。しかし、それでは意味がないのです。

丁寧に墨をするという、その所作のあいだに、だんだん気持ちが整ってくる。書こうとする字に思いが集中してくる、といってもいいですね。そして、半紙に筆を落とすとき、思いがそのまま字となって、そこにあらわれるのです。

料理もこれに似ています。時間をかけて調理をしているうちに、食べていただく人への思いがこもってきます。「そうだ、彼は薄味が好みだっていってたな。塩は控えめに……」「豪快な食べ方をする人だから、チキンは骨つきで出そう」「ふだん野菜をあまり食べていないだろうから、サラダはたっぷり用意しなきゃ」……。もてなしの心が息づいています。できあがった料理が「チン」とは別物になるのは間違いなしです。

「**開径《みちをひらきて》　待佳賓《かひんをまつ》**」という禅語は、門を開き、道を整えて、賓客を待つ、という意味。

お客様をお迎えする心がまえを説いています。できあいの惣菜を高く積み上げ、「きてから、チンね」と腕組みをして待つか、料理に心を吹き込みながら待つか、さあ……？

季節の行事の意味

季節の行事は自分をリセットする節目。おろそかにしない

日本にはたくさんの伝統的な行事があります。初詣から始まって、節分、桃の節句、春の彼岸、端午の節句、七夕、夏祭り、お盆、秋の彼岸、秋祭り、除夜の鐘（大晦日）……。それらの行事には、どれにも歴史と文化を背景にした意味があるわけですが、私はこれらの行事について、こんなふうな捉え方をするのもいいと思っています。

「自分をリセットする好機」

そのもっとも典型的なものが除夜の鐘と初詣でしょう。煩悩《ぼんのう》を払い落とすとされる一〇八回の除夜の鐘を聞きながら、一年のあいだに溜まったさまざまな思いを、綺麗さっぱり洗い流してしまう。年が明けて赴く初詣では、〝サラ〟になった心でお参り

して、これから始まる新たな年に向けて最初に良縁を結ぶ。

大晦日を迎えるための大掃除は、家や部屋の塵《ちり》や埃《ほこり》を払い、綺麗に整えることによって、心の塵も落としていこう、とする〝所作〟でしょうし、正月の飾りつけ、あるいは、お寺や神社での合掌や柏手は、心を新たにして丁寧に新年を受けとめようとする〝所作〟といっていいでしょう。

そうしてリセットした自分は、新しく「生き直す」自分です。

日々を過ごすなかで、「ああ、みんなチャラにして出直したいな」と感じることがあるはずです。しかし、何かきっかけがないとなかなかうまくいかない。行事はそのきっかけとしてうってつけです。もちろん、除夜の鐘や初詣ばかりでなく、彼岸のお墓参りを契機にして生き直したっていいし、静かに七夕の夜を過ごしながらリセットをはかるのだっていいのです。

私の寺にも多くの年中行事があります。仏教を開かれたお釈迦様、禅宗の祖となられた達磨《だるま》大師、日本で曹洞宗を開かれた高祖と仰ぐ道元禅師（大本山永平寺ご開山）様、そして曹洞宗を日本中に隈なく広げられた太祖と仰ぐ瑩山禅師（大本山總持寺ご開山）様。そのご生誕日、ご命日の法要、そして私の寺のご開山様のご命日である開山忌法要等は、毎年、心が引き締まり、また、新たになる時でもあります。

その日を迎えられたという感謝とともに、お釈迦様以来、二五〇〇余年の年月を仏縁で結ばれて、いま自分がここに生かされているのだ、という思いが沸々と湧いてきます。

それらの行事は一年のなかで節目になっている気がします。その**節目に向かって、毎年、毎年、変わらずに必要な準備を整え、心身も整えていく**。そのことが大事なのです。みなさんも何か節目となる行事をつくってみてはいかがでしょう。

たとえば、ご先祖様が眠るお墓があるお寺の行事に参加するようにする。その時期が近づいてくると、生活も気持ちもその行事を念頭に置いたものになってきます。

「そろそろ（お寺の）お茶会だな。今年はがんばって着物で行ってみようか。早めに着つけの予約をしておかなくちゃ。お点前のおさらいもがんばるぞ……」。**節目があると、それまでにやるべきことがはっきり見えて、日々が、その時間が充実してくる**のです。

もっと身近なこと、両親の誕生日に何かする、といったことを行事にしてもいい、と思います。義理チョコならぬ、義理のお祝いメールですますのではなく、お祝いと感謝の言葉をゆっくりと時間をかけて考え、筆でしるして、心をこめて選んだ品といっしょに贈る。年に二度、両親のことを思って過ごす何日間があるなんて、素敵なことではないでしょうか。

竹は節があるから、あんなに強くしなやかに育ちます。私たちにとっても、節目は人生をいきいきとさせるはず。あなたの節目、見つけてください。

衣替えを、見直す

日本の伝統文化や風習には、季節と結びついているものが少なくありません。「衣替え」もそのひとつ。その歴史は古く、平安時代にまで遡《さかのぼ》ります。これも宮中行事として始まりました。四月一日と一〇月一日が衣替えの日とされ、当初は「更衣《こうい》」と呼ばれていましたが、これは天皇の着替え担当の女官の呼称でもありました。

しかし、その後、更衣は天皇の后妃《こうひ》の称号のひとつとなったため、民間での呼び名は「衣替え」となって定着したのです。当初は、文字どおり、衣服を替えるものでしたが、鎌倉時代には調度品も併せて、替えるようになりました。

この風習が庶民のあいだに広がったのは江戸時代から。ちなみに、江戸幕府では四月、一〇月の他、五月五日、九月九日にもこれをおこない、年に四回の衣替えがあったとされています。明治になって太陽暦が取り入れられたこともあり、その日は現在と同じ六月一日と一〇月一日になりました。

季節の変わり目におこなわれる衣替えは、時候に合わせて衣服を準備するというだけでなく、「さあ、これから暑く（寒く）なるけれど、元気に暮らしていこう」という心がまえを固める、という意味あいもあったのでしょう。

現在、衣替えをする人はどのくらいいるでしょう。どうも減っているようですね。衣服は全部クローゼットや収納スペースにしまいっぱなしで、必要に応じて引っぱり出すということが多くなっていませんか？

私たち禅僧が着る衣には、羽二重《はぶたえ》、少し暑い時期の絽《ろ》、夏本番を迎えてからの紗《しゃ》、と三種類の素材がありますが、必ず、衣替えをおこなっています。しまう衣は一日陰干しをしたあと、たたんで防虫香というお香をのせて、たとう紙と呼ぶたたみ紙に包みます。その際、衣の点検ができる。「ここがほつれている。修理が必要だな」「ずいぶんがんばってくれたので、これはそろそろお役御免にしよう」といった塩梅《あんばい》です。

衣替えにはそうした**「衣服の棚卸し」**の側面もあるのです。大事に長持ちさせるには棚卸しが欠かせません。寒さを感じて、コートを出してみたら、「あれっ、ここ傷ができているじゃない。どうしよう、これじゃあ、着ていけない！」といったことはなくなりますし、必要なものと不必要なものの選り分けもできます。

そもそも、現代人は、必要以上に洋服を持っています。着られることなく、奥にしまわれているだけの洋服は、あなたの生活を美しくするとは思えません。**要不要の整理をすれば、**収納スペースもすっきりシンプルになって、暮らしも快適になるのではありませんか？　また、持っている衣服を確認することにもなり、同じようなものを買ってしまうという無駄も排除できます。

そうした実用的な面ばかりでなく、**四季の変化を感じとることで感性が豊かに磨かれる、という効果**も衣替えにはあります。

六月と一〇月のよく晴れた日を一日、平安の昔から受け継がれてきた伝統的習慣である衣替えのために使う。歴史を思い、先人の智慧にも触れる、素敵な一日になりそうな気がしませんか？

第四章

所作とは、自分を律するためのものである

自分を律する人は、美しい。「律する」には、まず姿勢を整える

街で見かける「美しい人」についてあらためて考えてみてください。その人の何を、どこを、美しいと感じたのでしょう。顔立ちが綺麗ということも、要素のひとつだと思いますが、決定打ではありません。見かけただけでその細部までは判別できない。

ひとめで美しいと感じさせる最大の要素は「姿勢」です。前かがみで歩いていたり、猫背になったりしている人が多いなかで、姿勢がしっかり整っている人はひときわ目を惹きます。**姿勢は美しさの源泉です。**

禅は姿勢に重きを置きます。それをあらわしているのが「**調身**《ちょうしん》、**調息**《ちょうそく》、**調心**《ちょうしん》」という言葉です。調身は姿勢を整えること、調息は呼吸を整えること、調心は心を整える

ことです。これらは坐禅をするときの心得ですが、最初に「調身」があげられている のは、意味のないことではないのです。

前作『禅が教えてくれる　美しい人をつくる「所作」の基本』でも、これについて、詳しく書いています。というのも、**まず姿勢を正しく整える。すると、呼吸も整い、心も整ってくる。**これが、禅の基本ともいえるものだからです。禅の先達たちは何千回、何万回と坐禅を繰り返すなかで、そのことを体感したのでしょう。そして、「調身、調息、調心」という言葉が生まれた。

美しい姿勢の人は、間違いなく、呼吸も心も美しく整っているはずです。禅が解き明かした「調身、調息、調心」の原則は、時代を超えた真理だからです。

三つが整った姿は、たとえば、名人の域にある職人さんに見ることができます。職人さんの仕事ぶりを見ていると、その動きの一つひとつがほんとうに美しい、と感じます。まったく余分な動きがなく、流れるような所作で仕事をこなしているのです。

鉋《かんな》で木を削るにしても、彫刻刀を振るうにしても、ろくろで土を形づくっていくにしても、そのことと一体になった動き、そのことだけにすべてが投入された所作がそこにある、といったらいいかもしれません。

身、息、心が微塵《みじん》の乱れもなく整っている姿です。

禅に**「威儀《いぎ》即仏法《そくぶっぽう》、作法《さほう》是宗旨《これしゅうし》」**という言葉があります。威儀は「威儀を正す」という使い方をするように、整った立ち居ふるまい、美しい所作のことです。禅では、美しい所作がそのまま仏法にかなうこと、仏様の教えにしたがって生きることだ、というのです。そして、正しい作法をおこなうことが仏様の教えそのものなのだ、とするのです。

美しい所作は、姿勢が整い、呼吸も心も整っていなければあらわれてきません。逆にいえば、姿勢を整え、呼吸、心が整えば、一つひとつの動作が丁寧になり、美しくなるのです。禅の修行は日常のすべてで、そのことを追い求めていくことだ、といっていいかもしれません。

この章では、「自分を律する」ための所作について話をすすめます。「律する」という言葉を使うと、自分に厳しく、たいへん難しいことのように思われますが、姿勢、呼吸、心を整えることが、すなわち律すること。

つまり、自分を律するには、まず姿勢に目を向ければいいのです。もちろん、「律すること」と「美しさ」は、切っても切れないもの。そのことも頭に入れておいてください。

正しい姿勢や呼吸のコツをつかむには、坐禅

禅の修行の根本が坐禅です。私の寺（建功寺）でも毎週日曜日の朝におこなっていますし、全国各地の禅寺でも広く坐禅会が開かれていますから、経験したことがあるという人も少なくないかもしれません。ここで**坐禅の基本的な作法、所作**について紹介しておくことにしましょう。

坐禅での足の組み方は**「結跏趺坐《けっかふざ》」**、または**「半跏趺坐《はんかふざ》」**というかたちです。まず、坐蒲《ざふ》（坐禅で使う座布団）の中心より少々手前にお尻がのるようにして、足を組みます。結跏趺坐は両足を組むもの。右足を左の股の上に深くのせ、左足は右の股の上にのせます。半跏趺坐は片足だけを組むもので、右足は左の股の下に深く入れ、左足を

右の股の上に深くのせます。

どちらの組み方でもかまいませんが、結跏趺坐がもっとも安定した状態です。いずれにしましても、両方のひざ、そしてお尻の三点で上体を支えるのがポイントです。手の組み方は「法界定印《ほっかいじょういん》」という形。これについては一九七ページで詳しく紹介しますが、所作の流れは以下のようなものです。

右手を左の足の上に置き、その上に左手を置きます。右手の指の上に左手の指が重なります。両手の親指は自然に合わせるようにします。

法界定印に結んだ手は、下腹部のところにつけ、腕と胸との間隔をあけて、ラクなかたちをとります。両手の親指の合わせ方は、かすかに触れ合っていて、離れもせず、押しつけもせず、という感覚です。

上体は背筋をS字になるように真っ直ぐ伸ばし、あごを引きます。頭のてっぺんで天井を突き上げるような感じといったらわかりやすいかもしれません。両肩は力を抜きます。耳と肩の位置、鼻とおへその位置が垂直になっていて、前後左右に傾かないのがポイント。

次は口です。舌先を軽く上あごのつけ根につけるようにして口を閉じ、口のなかに空気がこもらないようにします。

坐禅では目を閉じていると思っている人が多いようですが、目は「半眼」といって半分開き、半分閉じた状態に保ちます。ちなみに、この半眼は仏様のまなざしです。目線は前方三尺（約九一センチ、近頃では約一メートル前と説明している場合も多いようです）に落とします。これは畳横一枚分の距離で、目線と床の角度はほぼ四五度になります。

さあ、次は呼吸です。坐禅の姿勢が整ったら、まずは静かに大きく身体中の空気を全部吐き出し、そして大きく丹田まで吸い込みます（欠気一息《かんきいっそく》・腹式呼吸です）。数回深呼吸をしたら、そのまま、ゆったりと自然の呼吸にまかせます。鼻からゆっくり吐ききることです。

坐禅の形を整えるための所作が**「左右揺振《さゆうようしん》」**。上体を振り子のように左右に振りながら、安定した位置を見つけます。はじめは大きく振り、徐々に振り幅を縮めながら、正しい位置に落ち着かせます。

姿勢と呼吸を整え、心を整えていく、前にお話しした「調身、調息、調心」を体現しているのが坐禅の姿です。正しい姿勢や呼吸のコツをつかむまでは、坐禅会などに参加して、禅僧の指導を正しく受けるのがいいと思います。

坐禅のポイント

足の組み方（結跏趺坐《けつかふざ》・半跏趺坐《はんかふざ》）

まず、坐蒲がおしりの中心より少々後ろに位置するようにして、深すぎず浅すぎず座り、足を組みます。結跏趺坐でも半跏趺坐でも、大切なことは、両ひざとお尻の三点で上体を支えるということです。ただし、体調や体質には個人差がありますから、無理をせず、座り方を工夫するといいでしょう。

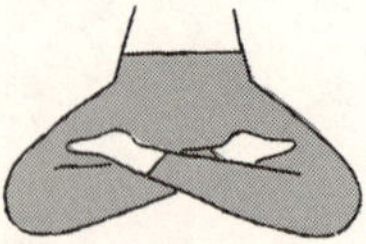

結跏趺坐
両足を組む座り方です。右の足を左の股の上に深くのせ、次に左の足を右の股の上にのせます。

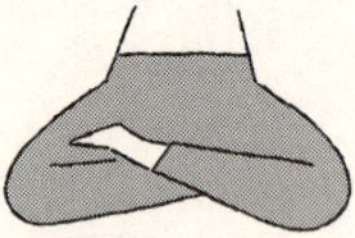

半跏趺坐
片足を組む座り方です。右の足を左の股の下に深く入れ、左の足を右の股の上に深くのせます。

手の組み方（法界《ほつかい》 定印《じょういん》）

坐禅のときの手の組み方の形を、法界定印といいます。

右手を左の足の上に置き、その上に左の手をのせて、両手の親指を自然に合わせます。このとき、右手の指の上に、左の指が重なるようにしましょう。

組み合わせた手は、下腹部のところにつけ、腕と胸のあいだを自然に離して、ラクな形にします。

両手の親指は、かすかに接触させ、力を入れて押しつけたり、離したりしないようにします。

上体の姿勢

背筋を真っ直ぐに伸ばします。

頭のてっぺんが天を突き上げるような気持ちで、あごを引き、両肩の力を抜いて、腰をしっかり据えます。

このとき、耳と肩、鼻とおへそとが垂直になるようにイメージして、前後左右に傾かないように。

口の閉じ方
舌先は、軽く上あごの歯のつけ根のところにつけて、口を閉じ、口のなかに空気がこもらないようにします。

視線の位置
坐禅のときの目は、半眼といいます。見開かずに、といって細めすぎず、自然に開き、視線をおよそ1メートル（約3尺）前方、約45度の角度に落とします。目をつむると、眠気を誘うことがあるので、目は閉じないようにします。

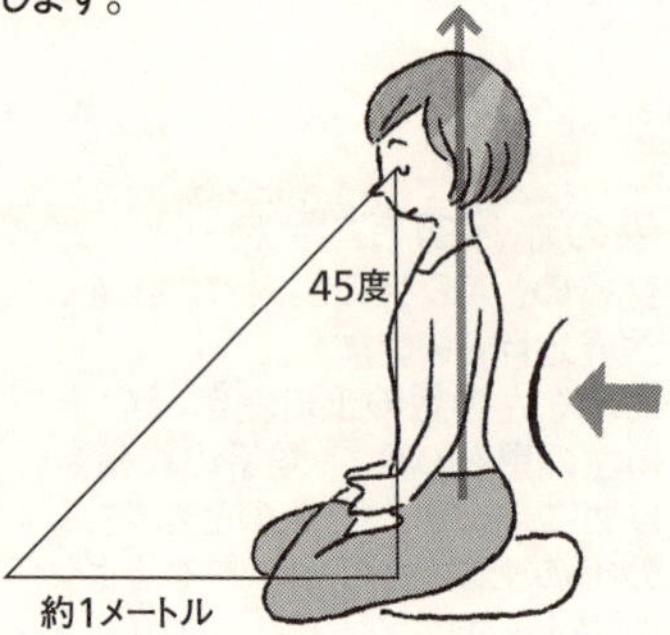

呼吸の仕方（欠気一息《かんきいつそく》）
坐禅の姿勢が整ったら、静かに大きく、深呼吸を数回します。
その後、静かにゆっくりと、鼻からの自然な呼吸にまかせます。

左右揺振《さゆうようしん》
坐禅のときに、必ずこの動きがあります。上体を振り子のように左右へ揺らします。
最初は大きく、徐々に小さく揺すりながら、左右どちらにも傾かない位置で静止し、坐相を真っ直ぐに正しく落ち着かせます。

なぜ、〝座る〟のか？——「成果を期待しない」という境地へ

「なんのために坐禅をするのですか？　なぜ、座るのですか？」。そんな問いかけを受けることも少なくありません。これに答えるのは、たいへん難しいし、同時に、じつに簡単でもあるのです。曹洞宗の坐禅は**「只管打坐《しかんたざ》」**といいます。「ただ、座る」ということです。座って坐禅している、そのままが仏ということです。

「なぜ、座る？」→「ただ、座る」といってしまえば、〝簡単〟ですが、それを説明しようとすると、しごく〝難しい〟ことになる。

私はこんなふうに考えています。「ただ、座る」ということは、**「なぜ、座るのか？」という問いを発しないこと。**ますます、禅問答めいてきたと思われるかもしれ

ませんが、〝なぜ〟〝なんのために〟と問うことの背景には、座ったら何があるのだ、どんないいことになるのだ、という思いがあります。

たとえば、人間的にいまより立派になれるとか、美しい心が手に入るとか……。しかし、坐禅はそんな理由を求めて座るわけではないのです。座ったからってなんにもならない。何が手に入るというわけでもない。座っているという、そのことだけがある。**そこに命が純粋にあらわれる。それがもっとも美しい姿だ、**ということに気づく。只管打坐というのは、そういうことではないか、と思います。結果的には坐禅は医学的にも色々と効能が認められていますが、そのために坐禅をしているのではありません。何も求めず、ただひたすらに座るのです。

私たちは、何をするにもその「成果」というものを考えがちです。勉強するときには、受験合格という成果を考えているし、仕事をしているときは、給料という成果を考えている。もちろん、それが間違いということではありません。成果を考えて努力をするのは評価すべきことでしょう。

しかし、禅の世界はそういうこととは別のところに広がっているのです。**「成果」**

を考えるとそれに縛られます。「ただ、〜する」のは縛られるものがないから自由です。只管打坐は、そうした自由の境地のことをいっています。

的確な例かどうかはわかりませんが、赤ちゃんはケラケラとよく笑います。しかし、親におもねって笑っているのではありませんし、笑ったら親や周囲がよろこぶから、という考えもないはずです。

ただ、笑っている。ですから、赤ちゃんの笑顔は純粋に映るし、美しさも感じさせるのです。どこにも成果を意識する心がないからです。

とはいえ、坐禅をしたらすぐさま只管打坐の境地に入れるかといったら、そううまくいくものではありません。修行中などは、坐禅中に足はしびれるし、冬なら寒さもこたえます。「ああ、おなかが空いたなぁ」と食事のことばかりが頭に浮かぶこともある。しかし、そんななかで一瞬、心も体も空っぽになることがあるのです。

どんな考えもよぎらないし、自分が坐禅をしていることさえも、忘れてしまう一瞬です。「ああ、そんな瞬間もあるのだな」と体感していく。それが禅の修行ということだろう、と思っています。

「ただ、座る」のは、難しい。「ただ、生きる」のも、難しい。しかし、そんな**「ただ」の世界が、必ずあって、誰でも出会えるのです。**それだけを心の隅にとめておいてください。

坐禅のとき、なぜ「印」を結ぶのか？
――心を整える「印」

坐禅では（結跏趺坐《けっかふざ》に）足を組み、身体の前で両手を組み合わせます。この手のかたちを法界定印《ほっかいじょういん》と呼びますが、その組み方について道元禅師が著した『正法眼蔵《しょうぼうげんぞう》』の「坐禅儀」にこう記されています。

「右手を左足のうへにおく、左手を右手のうへにおく。ふたつのおほゆびさきあいささふ。両手かくのごとくして、身にちかづけておくなり。ふたつのおほゆびのさしあはせたるさきを、ほぞに対しておくべし」

右手を掌を上にして左足の上に置き、その上に指が重なるように左手をのせる。両手の親指は自然に合わせ、それがおへその位置にくるように置く。現代流に読み下せばそういうことになります。

印とはお釈迦様のさまざまな身ぶりを表現したものですが、この法界定印はお釈迦様が悟りを開いたときの姿を示しているといわれています。菩提樹の下に座り、法界定印を結んで瞑想《めいそう》に入ったお釈迦様は、悪魔が繰り返ししかける誘惑を断ちきり、夜明けになって金星の光が輝くとともに成道《じょうどう》した（悟りを開いた）、と伝えられています。

そのことから、**法界定印は「心の安定」をあらわす身ぶり**とされているのです。

坐禅会に参加したことがあれば別ですが、ふつうみなさんは日常のなかで印を結ぶという所作をしたことはないと思います。しかし、心を落ち着けたい、騒ぐ心を安定させたい、と感じることは少なくないはず。

この法界定印を取り入れてみてはいかがでしょう。すでに朝の大切さについてはお話ししましたが、朝、五分でも一〇分でも静かに目を半眼にして印を結んでみるのも、よい縁につながる過ごし方だと思います。

本格的な坐禅でなくてかまわない。床にでも椅子にでも座って、法界定印を結ぶ。

忙しい朝にそれまでになかった〝静かな時間〟を持つことは、ざわざわした心にとって、格好の処方箋になるのではないでしょうか。**続けていると、印を結ぶ（所作を整える）ことが心を整えてくれる、**ということを実感できます。

一般的によく見られる印

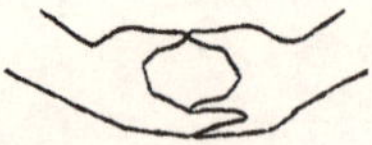

禅定印《ぜんじよういん》(法界定印)

坐禅のときには、基本的に、この印を結ぶ。

右手が下で、その上に左手をのせる。この印は、悟りを開いた境地をあらわす。

釈迦如来がこの印をしていることが多いが、釈迦如来は左手が下で右手がその上にのり、坐禅の手とは逆である。

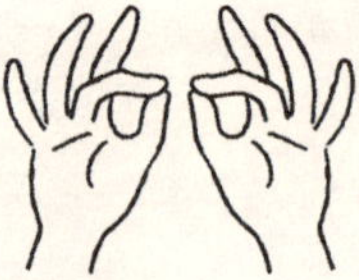

説法印《せつぽういん》

中指と親指で円をつくり、胸の高さまで上げる。

釈迦が、身ぶり手ぶりで説法している様をあらわす印。

釈迦如来、阿弥陀如来に、よく見られる。

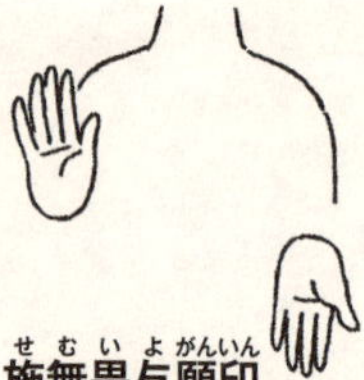

施無畏与願印《せむいよがんいん》

右手は、指を上に向けた状態で、掌をこちらに向ける。これを、「施無畏印」という。畏れなくていいいと、人々に力を与えることを示す印。

左手は、下にたらす(座像の場合は、掌を上に向け、膝にのせる)。これを「与願印」という。相手に何かを与えたり、人の願いを叶えることを示す印。

「施無畏印」と「与願印」を合わせて「施無畏与願印」という。

九品来迎印《くぼんらいごういん》

以下の三つは、九品来迎印。

仏教では、人間をその能力や信仰の程度で、上品・中品・下品の三つの位に分け、さらに、上生・中生・下生の三つに分けた、九つの段階に分ける。そのうちの三つ。

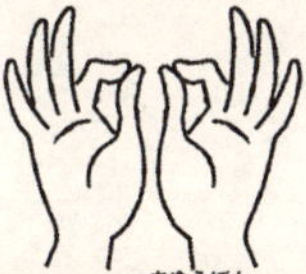

九品来迎印［中品《ちゅうぼん》上生］

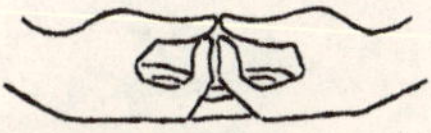

九品来迎印［上品《じょうぼん》上《じょう》生《しょう》］

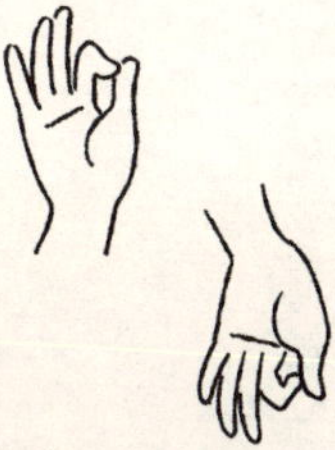

九品来迎印［下品《げぼん》上生］

智拳印《ちけんいん》

左手の人さし指を右手で握る形。
仏の智慧を象徴する印。
大日如来に多く見られる。

無心はいかにして得るか？——ひとつずつピリオドを打ち、溜め込まない

後白河《ごしらかわ》法皇が編んだ『梁塵秘抄《りようじんひしよう》』に、有名なこんな今様《いまよう》（当時の歌謡）があります。

遊びをせんとや生まれけむ
戯れせんとや生まれけむ
遊ぶ子供の声きけば
わが身さえこそ動《ゆる》がるれ

子供が無邪気に遊ぶ様を歌ったものですが、その無心さゆえに、大人も遊び心を揺

り動かされる、ということでしょう。考えてみると、大人になるにつれ、「無心」に何かに取り組むということが少なくなっている、という気がしませんか？
あれこれと忙しいのに、ひとつのことを無心でやるなんて、とってもムリ、ムリ……。それが多忙な現代人の本音かもしれません。しかし、抱えすぎてにっちもさっちもいかなくなる、物事が停滞してしまって収拾がつかなくなることもあります。

「とどめないこと」。それが私の流儀です。寺の仕事にしても、庭園デザインにしても、その他の諸々の仕事にしても、**一つひとつ、そのつどピリオドを打ってしまう。**いただいたメールの返信なども間髪いれずに送ります。

すると、**結果的にそれぞれのことに無心で取り組んでいることになる。**ピリオドを打つまでは、そのことだけに向き合っているのですから、他のことが入り込んでくることがなくなります。とどめないから、着実に流れていく。私たちの能力にも体力にもキャパシティがあります。その器にどんどん溜め込んでいったら、いつかは、いっぱいいっぱいになり、やがては、あふれ出してしまうでしょう。**「一点無心（枡野俊明作!?）」**。窮屈にならない生き方のちょっとした〝極意〟です。

ゆっくり動く。「間」をとる

日本の伝統文化には、所作に重きを置くものがたくさんあります。茶道はもちろんそうですが、歌舞伎にも型がありますし、大相撲の土俵入りなども、決められた所作でおこなわれます。

なかでも、「能楽」は所作が命。その動きはギリギリまで無駄が省かれています。しかも、動きの一つひとつがじつに「ゆっくり」している。しなやかにゆったりと流れるように所作がつながっていきます。あの独特の時間感覚。そこに、美しく幽玄な世界が表現されるのでしょう。

ゆっくりした動きと美しさは関連していると思います。実際、せわしない所作、あわただしい動きは、見ているこちらの気持ちまでざわざわさせます。

「なんだか、こっちまで落ち着かなくなっちゃう。この人と長い時間を一緒にいるのはかなわないな。ここは、早いところ切り上げるとするか」

そんなふうに思った経験はありませんか？　所作のせわしなさ、あわただしさから、相手の心の混乱ぶりが透けて見えて、どうにも居心地が悪いのです。もちろん、美しい時間ではありません。だったら、これは逆手にとってみましょう。

気持ちがせいていたり、心がざわめいていることは誰にでもあります。そういうときこそ、**意識して所作をゆっくりおこなう**のです。すると、不思議なことに、その所作に引っ張られるように、気持ちが落ち着いてくる。心が平静に戻っていくのです。

「間《ま》」をとるのも効果的です。せいているとどうしても話し方が速くなりがちです。「たたみかけるように」という表現があります。速射砲のように言葉を繰り出して、相手を説得してしまう、といった意味あいで使われますが、ほんとうのところはどうなのでしょう。むしろ、言葉が上滑りしてしまうことのほうが多いのではないでしょうか。

ふっと間をとる。すると、相手はこちらの言葉を待つ姿勢になります。聞く態勢を整えるといってもいいでしょう。そこで発せられる言葉が説得力を持つことはいうまでもありませんね。「間」が相手をこちらのペースに引き込むのです。

しゃべりすぎない。沈黙の意味を知る

現代人の特徴のひとつは「しゃべりすぎる」ということではないでしょうか。男女を問わず、さらには年齢を問わず、何人かが集まると、その場は一気に喧《やかま》しいものとなります。聞き耳を立てずとも聞こえてくる、その内容はといえば、とりとめのないことがほとんど、という印象。もちろん、他愛のない話を交わすことで、人間関係がよりよいものになっていく、ということには異論はありませんが、一方では言葉の軽さに対する警戒感も必要だという気がします。

禅語の「不立文字《ふりゅうもんじ》、教外別伝《きょうげべつでん》」は、文字にならないところに真理も悟りもある、仏典をいくら読み解いてもその教えを自分のものにすることはできない、ということを

いっています。**ほんとうに大切なこと、ものごとの真実は言葉では伝わらない、**ということですね。

「それでは、言葉をいくら慎重に選んだとしても、しかたがないってことじゃないか」

そうではありません。これまでに何度も触れた「愛語」、慈しみの言葉は人を癒しもするし、励ましもします。美しい言葉は人を心地よくさせ、自分を輝かせるでしょう。言葉には力があります。しかし、それでもなお、**言葉を超えてしか伝わらない大切なものがある、**とするのが禅の世界なのです。

心のこもったものをいただいて、「うれしい。前からこれが欲しいと思っていたんだ。ありがとう。わぁ〜、ほんとにうれしい！」とあふれるよろこびをそのまま言葉にするのもいい。しかし、いただいたものをそっと掌で包み込んで、何もいわず胸に当てている、という沈黙の所作が、よろこびをより深く相手の心に伝えることもある、という気がするのです。

思いやりに対する感謝の気持ちも、どんな言葉を尽くすより、ただ、じっと相手の手を握るほうが、心に響くこともあるのではないでしょうか。**言葉を超えた、そんな「沈黙」があるということを**、知っておいていただきたいと思っています。

沈黙の時間の美しさを、どうぞ知ってください。

時間を
大切にする
ための所作

複数のことの「ながら」が、時間を無駄にする

時間が有限だということは誰でも知っています。しかし、粗末に扱っていることがけっこうありませんか？　しかも、自分では有効に使っていると思い込んでいる人ほど、〝上手の手から水が漏れる〟ということになっているのです。時間について、趙《じょう》州《しゅう》禅師はこんな言葉を残しています。

「汝は一二時に使われ、老僧は一二時を使い得たり」

趙州禅師は中国唐代の人ですが、その頃の時間は一日を一二分割して数えていましたから、「一二時」は二四時間の意味。意味は、おまえは時間に使われているが、私（老僧）は時間を使いきっている、ということです。

さて、時間を使いきるとはどういうことでしょう。私はこう考えます。自宅で夕食をとるとき、コンビニで買ってきた雑誌をぺらぺらとめくりながら、箸をすすめることはありませんか？　あるいは、オフィスで書類を書いているとき、かかってきた電話に応対しながら、まだ、書類を書き続けていることはないでしょうか。

複数のことを同時にやる、いわゆる「〜ながら」スタイルですが、その意図は、少しでも時間を有効に使おうということでしょう。ところが、じつはこれが間違い。雑誌ぺらぺらの食事では料理を楽しむどころか、何を食べているのかさえわからない、といったことになりませんか？

書類と電話の〝二股〟は、書類を書くことにも電話の応対にも集中することができず、どちらも中途半端になります。電話の相手に生返事でもすることになったら、失礼のきわみです。

「〜ながら」は〝粗雑〟な所作の典型です。時間の使い方としても、結局、ロスを生むことになる。時間を有効に使うには、「〜ながら」をやめ、**いつもひとつのことに全力で取り組むこと**です。それが、時間を使いきっている所作です。

瞬間を
制する
ための所作

勝負の時こそ、「呼吸」を見直す

人生には**ここ一番の勝負**の時があります。仕事に就いてはじめて大きな契約を結ぶ場に臨む、トラブルを起こして怒らせてしまった相手に謝罪にいく、恋人の両親にはじめてお会いする、若い世代なら、この就職氷河期ですから、就職試験の面接に臨む、といったことも大勝負でしょう。

極度に緊張するこうしたシチュエーションでは、**最初の瞬間で勝負は決します。**「まずい、相手が一枚上だ」と感じてしまったら、たとえ、実際には互角の勝負ができる相手でも、心がどんどん萎縮《いしゅく》してしまうからです。

いかにして〝瞬間〟を制するか？　すべてはそこにかかっています。その答えは

「呼吸」です。時間的な余裕を持って現場に到着し、化粧室にでも行って、数回、深～い呼吸を繰り返しましょう。それで余計な緊張感はとれ、適度に緊張しているという、もっとも望ましい臨戦態勢が整います。

契約交渉では堂々と持論を展開することができますし、謝罪も卑屈にならず、誠意をこめて頭を下げることができます。大切な人の両親を前にしても、萎縮することなく、自分のよさを伝えることができるでしょう。

一方、呼吸が浅くなっていたり、乱れていたりすると、交渉でも相手にペースを握られ、謝罪の言葉もしどろもどろになって、かえって相手の怒りを増幅してしまう、ということになりかねません。

両親の前で、〝おずおず〟〝もじもじ〟するばかりでは、せっかくのアピールの機会、人生がかかるかもしれない大勝負も台なしです。

「なんだか、はっきりしないお嬢さんね」そんな評価が下ることになってしまう。

大勝負になればなるほど、その場しのぎのふるまい技法は通用しなくなります。瞬間に自分の力を出しきる。そのための方法として、呼吸を整えることにまさるものは、見つかりません。

また、オリンピックなどの競技を見ていても思うことがあります。とくに、柔道やレスリングなど、一瞬の技で勝敗が決するものや、水泳や陸上競技のように、短時間の集中力が記録を左右するものなどは、「呼吸」が整っているほうが勝利を得るのではないでしょうか。あの舞台に立っているということ自体、互角に戦う実力を持っているということ。**最後に「勝敗」を決するのは呼吸なのです。**そして「勝敗」というのは、その〝瞬間〟をどちらが制するか、ということにほかならないのです。

欲を律するための所作

ひと呼吸の数秒間、「ほんとうに必要？」と問いかける

「欲」にはいろいろなものがありますが、みなさんにとっていちばん日常的な欲は「買いたい」「食べたい（飲みたい）」というものではないでしょうか。予定していなかったのに、気に入った洋服が目について、つい、買ってしまう。ランチはお蕎麦と決めていたのに、香ばしいにおいに誘われて、がまんしきれず、「鰻重の竹～！」を注文してしまう。その結果、ほとんど着ない洋服が収納スペースを占領し、ありがたくない体脂肪が厚みを増す、といったことになるのです。

次から次に湧き上がってくる欲に身をまかせていたら、きちんとした生活、ましてや美しい生活は保てません。欲は執着です。私は**「執着のスパイラル」**という言葉を

使っているのですが、**執着には終わりがない**のです。欲しいものをひとつ手に入れたら、そのそばからまた別のものが欲しくなる。このスパイラルから抜け出すのは、容易なことではありません。

「知足《ちそく》」という言葉を知っていますか？　仏教では**「少欲《しょうよく》知足」**といいますが、文字どおり、欲を少なくして、足るを知ることです。お釈迦様は臨終のまぎわ、最後の教え（『佛垂般涅槃略説教誡教《ぶっしはつねはんりゃくせっきょうかいきょう》』、通称『仏遺教経《ぶつゆいきょうぎょう》』といいます）のなかでこうおっしゃっています。

「知足の人は地上に臥《ふ》すといえども、なお安楽なりとす。不知足の者は、天堂に処すといえども、またこころにかなわず。不知足の者は、富めりといえどもしかも貧し」

足ることを知っている人は、たとえ地面に寝るような暮らしをしていても、心安らかで幸せである。足ることを知らない者は、天にある宮殿のごとき館に住んでいても、満足というものがない。足ることを知らない者は、裕福であろうと心は貧しい。

そんな意味の教えです。

ブランド品を次から次に買いあさる人もいれば、ほんとうに気に入ったものを買って、大切に長く使い続ける人もいます。前者は新しいアイテムが発売されたと聞くと、もう、いても立ってもいられなくなる。〝買いたい欲〟に心が占領されるのです。これでは満たされることがないでしょう。

一方、後者は、時代のトレンドにも、流行重視の周囲の空気にも、流されることがありません。さらに、使い続けたものには、何ものにも代え難い愛着も湧きます。ピッタリと自分の生活に、そして、なにより自分に寄り添う**「大切なもの」がある、という感覚は、心に安らぎと幸福感をもたらしてくれる**のではないでしょうか。

買いたい欲が頭をもたげてきたら、一歩立ち止まって、ひと呼吸置いて、自分自身にこう問いかけてみてはいかがでしょう。

「それってほんとうに必要なの？　いまのままで十分じゃない？」

〝つい〟買ってしまう、〝思わず〟食べてしまうのは、「衝動的」という言葉があるように、どこかで自分を見失っているからです。**ほんとうの自分に立ち返る、本来の自分に気づくには、こんな「ひと呼吸&問いかけ」**が有効です。

そのほんの数秒間の〝所作〟は、知足の種を植えることでもある。心にお釈迦様の教えを灯すことといってもいいでしょう。一度灯ったお釈迦様の教えは消えることはありません。いつまでも灯り続け、その光であなたを確かな方向に導いてくれます。

安心しておまかせしていればいい。

乱れた生活リズムを正す所作

そんなときこそ、「いつもどおり」のことをする

どんな人にも順風満帆続きの人生などありません。人間関係のもつれや仕事の悩みなど、心に重荷を一気に背負い込んで、へたり込みたくなるときだってあるでしょう。食事も思うようにとれない、酒量が増える、休日は起き上がるのが億劫で寝床やベッドから離れられない……といった乱れた生活からなかなか抜け出せないこともあるかもしれない。

そんなときこそ、「所作」が大事。あなたの生活リズムをつくっている基本的な所作を、あえてやってみるのです。

こんな禅語があります。**「平常心是道《びょうじょうしんこれどう》」**。**いつもどおりに当たり前のことを当たり前**

にやることが大切であり、それが悟るということでもある、という意味です。「悟り」は、「安らかな心」というふうにいい換えてもいいですね。

朝、とにかくいつもの時間に起きる、いつものように朝食をいただく。気にかかっていることなど考えないで、所作をまっとうしてください。

所作をまっとうしていると、ここしばらくは聞こえなかった、いつもやってくる小鳥の声が聞こえてきたりします。「ああ、あの鳥がいつものように鳴いているなぁ」。あるいは、窓から入ってくる風のにおいの心地よさが、甦ってくるかもしれない。すると、心にわだかまっていたこと、胸に重くのしかかっていたものが、スーッと軽くなってきます。

いつもの所作が平常心を取り戻させるのです。もう、そこには安らかになった心があります。どうにもならない、どうしようもない、と感じていたことも、安らかな心で受けとめると、「なあんだ、そんなことだったのか」という程度でしかないことがほとんど。所作の乱れ、生活の乱れ、心の乱れ……がもたらす実体のない「妄想」といっていいでしょう。

禅は「莫妄想《まくもうぞう》」、妄想することなかれ、と教えます。整った所作でいつもの生活リズムを保っていたら、妄想も入り込む余地はありません。

感情を
制する所作

怒らない。
カッとなっても、いいことはない

仏教では心を迷わせる煩悩として、とくに三つのことをあげています。「貪《とん》、瞋《じん》、癡《ち》」の三毒がそれです。「貪」はむさぼること、「瞋」は怒ること、「癡」はおろかなふるまいをすること、です。ここでは瞋と癡について考えてみましょう。

人間関係は複雑ですし、多様に変化もしますから、ときには神経を逆なでされる思いをすることがある。しかし、そこで感情が高まるにまかせて怒りを爆発させてしまったら、少しは溜飲が下がるとしても、結局は相手と同じ土俵に上がることになるのです。よくいわれる「売り言葉に買い言葉」はその典型的な場面。

〝挑発〟にのって口汚く罵《のの》り合うなんて、（こちらを怒らせるようなことをした）相手のおろかさに、同じおろかさで対応する、ということになりませんか？　**怒りを柳に風とばかり、さらりと受け流すのが、所作としてはるかに上等で、かつ、美しい。**

總持寺の貫主をしておられた板橋興宗《いたばしこうしゅう》禅師は、よくこんなお話をされていました。

「感情を頭に持ち上げるな。ストンと腹に落としておけばいい」

感情が頭に上るから、血が上って「カッ」となるのです。お腹にとどめておけば、頭は冷静でいられる。そのための妙法として禅師がすすめておられたのが、心のなかでおこなう「ありがとさん、ありがとさん、ありがとさん」の〝感謝三唱〟です。

実際、ゆっくり呼吸（腹式呼吸）をして、これをやると、どんなに感情が高ぶっていても、気持ちがスーッと落ち着いてきます。少し高いところから、相手の「独り相撲」を見下ろしている境地になれる。静かで美しい時間を、あなたのなかに取り戻しましょう。

そうして、怒りをみごとに律したら、相手はグウの音も出ません。惨めな思いを引きずって、すごすご退散するしかなくなるのです。

気持ちを
切り替える
所作

心がとらわれたら、「まず動く」

「余韻にひたる」という言葉があります。感動的な映画を見たとき、しばらくそのときめいた心にまかせた時間を持つ。これは心にとって妙薬。

一方、何かに心がとらわれてそこから離れないということがある。たとえば、仕事の失敗を、すでに決着がついているのにいつまでも悔やむ、といった状態がそれです。

処方箋は「気持ちを切り替えること」だとわかっていても、なかなかそれができないからやっかいです。ここはじっとしていてはダメ。**動くことです。**外に出て新鮮な空気を吸い込む、歩く、軽い運動をする。部屋のなかなら、一度、ベランダで深呼吸をして、掃除や洗濯にとりかかる、というのもいいかもしれません。

空気をいっぱい吸い込み、身体を動かすと、血液中の酸素量が増えて、全身の血のめぐりがよくなります。滞っていた血流が活発に流れ出せば、それにつれて心のしこりもほどけ始めます。

「なんとか、気持ちを切り替えよう」と頭で思っているあいだは、堂々めぐりが繰り返されるばかりで、そこから転じることはできません。**「行雲流水《こううんりゅうすい》」**という禅語があります。空に浮かんでいる雲も、大地を流れている水も、何ものにもとらわれず、自由に動いている、という意味です。

〝自由だから動ける〟のではありません。〝動いているから自由〟なのです。身体を動かし、その動いている身体にまかせてみてください。すると、頭も心も自由になる。滞っていた気持ちが転じていけるのです。

禅では、身体を動かす日常的な作業を「作務」といいます。その**作務は「動く禅」**とされています。静かに座ることが禅なら、動くことも、また、禅なのです。その二つに軽重はありません。「いけない、いけない。また、あのことを考えている」と感じたら、「さあて、〝動く禅〟でもしてくるか」でいきましょう！

掃除をする
所作①

綺麗に見えるものも磨く

「散らかってきたから、掃除をしなくちゃ」。みなさんの掃除に対する感覚は、おそらくそんなものではないかと思います。散らかっているものを片づける。汚れたところを綺麗にする。つまり、掃除をすること自体には意味はなく、掃除をした結果、片づくこと、綺麗になることに意味があると考えているわけです。

しかし、禅ではその掃除を何にもまして重要なものだとしています。それをあらわすのが「**一掃除《いちそうじ》、二信心《にしんじん》**」という言葉。**信心より前にやることがある、それが掃除だ、**というのですから、禅の修行は、まず、掃除をもって始まる、といってもいいですね。

事実、禅寺はじつによく掃除が行き届いています。廊下に塵ひとつないのはもちろん、姿が映るくらいに磨き上げられています。しかし、くる日もくる日も、雲水たちはそのピカピカの廊下を磨き続けるのです。何も知らない人が見たら、「汚れてもいないのに、なんで？」と思うかもしれませんね。

そうして廊下を磨くこと、掃除をすることの意味を、禅ではこう考えます。**「掃除＝心の塵を払うこと」**。

生まれたばかりの赤ちゃんの心は一点の曇りもなく、塵も埃もついていません。ところが、成長するにつれて、いろいろなものが積もってくる。欲や迷い、不安や恐れ、妬みや嫉《そね》み……といった、いわゆる煩悩です。これが塵にも埃にもなるのです。

その塵や埃が厚く積もった状態を、私は「心のメタボ」と呼んでいるのですが、肉体的なメタボを解消するために、たとえば、エステと取り組む必要があるように、**心のメタボを取り去るためにも、「心のエステ」にあたる行動、所作が必要**なのです。

その代表が掃除です。禅僧は廊下を一心に磨くことによって、心を磨き、その塵や埃を払っているのです。

塵を払うことに関してお釈迦様のこんなエピソードがあります。お釈迦様に周梨槃《しゆりはん》特《どく》という弟子がいました。兄の摩訶槃特とともにお釈迦様に仕えていたのですが、聡明な兄に比べ、周梨槃特はもっともできが悪い弟子だったのです。

その愚かさのために、周梨槃特は修行の場である精舎《しょうじゃ》を追われそうになります。そのときお釈迦様は、ひとつのことを周梨槃特に命じます。一枚の布を手渡して、「塵を払い垢《あか》を除かん」といわれ、精舎にいる修行僧たちみんなの履き物を磨くように申し渡したのです。

周梨槃特は、愚直に、ついている塵や埃を払い、履き物を磨き続けました。そのなかで、ふと気づいたのです。「いま磨いているのは自分の心なのだ」ということに……。その後、悟りの境地に達した周梨槃特は、お釈迦様の弟子のなかでもとりわけ優秀とされる十六羅漢《じゅうろくらかん》のひとりとなります。

履き物を磨く、廊下を磨く、柱を磨く、机を磨く、器を磨く……。そうした所作が、ひいては掃除が、そのまま、心を磨くことになる、というのはお釈迦様の教えそのものなのです。

ただ、片づける、綺麗にする、ということだったら、「まあ、この程度でいいや」

ということになるかもしれません。しかし、それが自分の心を磨く所作であることがわかったら、もう、決しておろそかにはできません。一心に磨くしかない！

掃除は、そのもの、その場を美しくすることであるのはもちろんですが、〝心の目〟で見れば、あなた自身の心を美しくし、あなたが過ごす時間を美しくするおこないなのです。

掃除をする
所作②

見えないところほど、掃き清める

禅寺を訪れたことがある人は誰もが感じたことだと思いますが、山門を一歩入ると、気持ちが引き締まる思いに包まれます。背筋がピンと伸び、姿勢が整ってくる。境内全体に漂う凛とした空気がそうさせるのでしょう。

清浄と静寂。隅々までよく掃き清められた境内が禅寺をそんな空間にしています。竹箒《たけぼうき》を使った掃き掃除は、修行僧たちの重要な日課です。私が修行をした横浜市鶴見区にある、曹洞宗の大本山總持寺では、お天気がよければ、日に何回も、境内の掃き掃除をすることがありました。

自然のなかでの作務ですから、季節を肌で感じられる。秋などは日ごとに葉が色づいていくのがわかりますし、葉が落ち始める頃になると、それこそ、毎日、落ち葉の数が違います。そんなところから、やってくる冬の足音が聞こえる。室内の掃除とはひと味違う、掃き掃除の醍醐味です。

木々の根元は落ち葉が溜まっていて、掃除がしにくいものですが、そういうところこそ丹念に掃きます。それが大事。**「美しいなぁ」「なんと清々しい」と感じさせるのは、じつは誰の目にもつかないようなところまで整っているから**なのです。

みなさんは、掃除をしていて「ここは見えないんだから……」なんて、手抜きをすることがありませんか？　見えるとか、見えないとか、ではないのです。**どこもかしこも、同じように心をこめてやるのです。**だから、やり終えたとき気持ちがいい、さわやかな気分になれる。掃除とはそういうものです。それが、あなたの時間、そこに流れる時間を美しくすることになるのです。

禅には、掃除をしていて悟ったという有名な話が伝わっています。

中国の唐代に香厳智閑《きょうげんちかん》という禅僧がいました。何人もの師について修行を重ねていた香厳禅師でしたが、道を得ることができず、ついには書物をすべて焼き捨ててしまいます。

そして、南陽慧忠《なんようえちゅう》という禅師の墓の掃除をひたすら続けたのです。あるとき、いつものように墓を竹箒で掃き清めていると、箒が跳ね飛ばした瓦のかけらが青竹に当たって、「カチーン！」と音を立てます。その音を聞いて香厳禅師は悟りを開く。心の塵が竹の音とともに跳ね飛び、心になんのわだかまりもない境地に達したのです。

この話から生まれた禅語が**「香厳撃竹《きょうげんげきちく》」**。ただそのことに心をこめてやり続けることの大切さを教えています。

いまは竹箒で庭の掃き掃除をするということはあまりないかもしれません。しかし、玄関先やベランダを掃き清めることならできますね。風の変化が知らせてくれるそれぞれの季節を感じながらひたすら箒を運ぶ。その爽快感に満たされる時間を、ぜひ、味わってください。

後始末や片づけは、次の時間を美しく過ごすための準備である

何をやるかによって、人の気分は違ってきます。たとえば、交渉がようやく実を結んで、さあ、契約に臨むというとき、気分は高揚したものになりますし、意欲もみなぎってきます。一方、仕事相手とのあいだでトラブルが起きて、その後始末をするといったことになると、どうでしょうか。なんとも気が重く、意欲もしぼみがちになりませんか？

誰でも〝後始末〟〝後片づけ〟は苦手なのです。

日常的なことでも、食事をつくるのは楽しいものですが、食後の食器や調理器具の後片づけは「面倒くさい」、部屋で友人たちとわいわいやるのは大好きでも、その後、

部屋を片づけるのは、「ああ、億劫」ということになる。ここはちょっと意識を変えてみたらどうでしょうか。

後始末も後片づけも、「事後処理」ではなく、次の行動のための「準備」と考えるのです。食後の後片づけは、翌朝、綺麗なキッチンで気持ちよく朝食をつくるための準備、部屋を片づけるのも、すっきり起きて、機嫌よく出かけるための準備です。これなら、「さあ、やるか」という気持ちになりませんか？

仕事の後始末だって、先方ともっといい関係になるための準備、次の仕事をおたがいにうまくすすめていくための準備です。そうであったら、「あ〜あ、なんでこんなこと自分がやるハメになっちゃったのかな」ではなく、「よし、準備は怠りなく整えておかなければいけないぞ」ということになる。対応する際の気力もふるまい（所作）も、まるで違ったものになるのです。

ときには恋人にフラれて落ち込むこともあるでしょう。そんなときこそ、「準備の思想」です。「しばらく立ち直れそうもないな。心の後始末、いったいいつになったらできるんだろう？」と沈んだ気持ちをいつまでも引きずるのではなく、「もっといい恋を探すぞ。よし、すぐにも準備にとりかからなくちゃ」と前を向いて歩き出しましょう。

時間は延々と続くのです。次の時間を美しくするためには、その前の時間を美しくしてバトンタッチするのが正しいのです。

シンプルに生きる ——「湯豆腐」に学ぶ、真の贅沢

禅の教えをいまの言葉でいえば、「シンプルに生きる」ということになるでしょう。**衣食住すべて、余計なものを削ぎ落として、簡素にしていく。それが美しく暮らす、ということ**だと思います。

たとえば、こんな発想。親しい友人や恋人を自宅に招いて食事をふるまうといったとき、あなたはどんなふうに考えますか？

「そりゃあ、精いっぱいもてなそうとするでしょう。とにかく、たくさん料理をつくって、お膳やテーブルに並べるのがいちばんじゃない？」

しかし、一方にはこんなもてなし方もあります。湯豆腐をふるまう。——湯豆腐と

いえば京都の南禅寺界隈が有名ですが、まさに禅寺の食べ物です。つくり方も昆布を敷いた鍋に豆腐を入れ、あたたまったら完成、というきわめてシンプルなもの。材料は昆布、水、豆腐、そして、つけだれと薬味のみです。ただし、奥は深い！

材料の昆布にしても、種類によって味も風味も違ってきます。主役の豆腐はどんな水と大豆、にがりを使うかで、まったく別物になる。それをじっくり吟味して選ぶだけでも、たっぷり時間が必要です。

つくり方も、単純ではない。昆布の風味を活かすには、ついている砂や石を、布巾《ふきん》で丁寧にとるという手間がいります。水でジャーッと洗い流したりしたら、一気に風味が台なしになってしまいます。豆腐も昆布、水といっしょに土鍋に入れて、火にかけさえすればいい、というものではありません。

煮すぎてしまえば、「す」が入って、素材の味が損なわれます。湯豆腐の蘊蓄《うんちく》を語れるほど知識を持っているわけではありませんが、火加減や食べる頃合いなど、できばえを左右する要素は少なくないようです。

シンプルではありますが、いや、シンプルだからこそ、手がかかる、手のかけがいがあるのが湯豆腐なのです。お膳やテーブルに置かれたのはたった一品でも、そこには「おいしく食べていただきたい」という思いがあります。そのためにかかっている手間を考えてみましょう。昆布や豆腐について調べる手間、「これぞ」という素材を探し、選ぶという手間。おいしい湯豆腐の裏には、思いがたくさん隠れています。

つくり方についても、納得できるものに出会うまでには、時間がかかるでしょう。さまざまなレシピを試してみたり、あるいは伝統的なつくり方の記述がある文献をひもといてみたり。そうした時間もまた、その一品にこめられているのです。

いかがでしょう。シンプルな湯豆腐をふるまうことが、手をかけ、心をかけた、すばらしいもてなしになると思いませんか？

「なるほど、**シンプルなものって奥がすごく深いんだな**」

シンプルに美しく生きるうえで大切なのがその感覚。一度、**簡素なものが秘めている奥深さに触れると、生活全般が変わります。**「湯豆腐」に学ぶところは多いのです。

自分の部屋に、小さな枯山水をつくる
――そのときの心模様がわかる

禅の庭である「枯山水《かれさんすい》」は、石と白砂《はくしゃ》だけで構成されることもあります。しかも、置かれている石の数はとても少ない。あとは何もない空間、「余白」です。わずかな石と白砂と余白が、やわらかにとけ合って、あるいは、静かな緊張感を漂わせて、簡素でありながら深遠な世界をつくっています。その前に立つ人によって、また、立つときによって、違った貌《かお》を見せるのは、枯山水という画布に人の心が映し出されるからかもしれません。心静かな時間を生み出す素晴らしいものですね。

枯山水の白砂には筋がついています。砂紋と呼ばれるもので、あれは「箒目《ほうきめ》」といいますが、実際には箒ではなく、専用

の重い道具を使います。砂紋にはそれをつける禅僧の気持ちが正直にあらわれる、とされています。実際、気持ちを集中させて、なんの迷いもなく道具を動かしたときは、綺麗な模様の砂紋が描かれます。ところが、集中力が途切れたり、心に乱れがあるときには、不思議なことに曲がってしまうのです。**「心」と「所作」はやはり一体**です。枯山水を眺めていると心が澄みきって穏やかになるのは、乱れのない禅僧の心がそこにあるからでしょう。

ときにはその前に佇む時間を持っていただきたいと思うのですが、なかなか機会がないというのが現実。だったら、「小さな枯山水」をつくったらいかがでしょう。

お盆やトレイにこまかい白砂を敷きつめ、そこに気に入った石を置いてみる。石は河原で拾ってきてもいいし、海辺で探したっていい。それこそ、路傍の石を見つけるのだっていいのです。手になじんで懐かしい感じがする、というのが気に入った石になる条件でしょうか。

そこに砂紋をつけていく。掌に入るくらいの小さな熊手なら、砂紋を描くのに最適です。折りに触れて砂紋をつけ直して、**そのときの心模様を知る。**「やわらかい砂紋が仕上がったぞ。気持ちが安定しているな」「ちょっと荒々しい筋になっちゃった。落ち着いて、落ち着いて……」。そんなふうに砂紋を介して心と語り合う。

どこか、いい光景。美しい時間だと思いませんか？

おわりに ——〝美しい人生〟は〝美しい時間〟のつらなりである

このたびも、貴重なご因縁を結ぶ機会を得られ、本書を出版できましたことは、ほんとうにありがたいことと感じています。これもひとえに出版元である幻冬舎さんをはじめ、ご担当の袖山満一子さん、そして関係者ご一同様のお蔭と、感謝の思いでいっぱいです。

約一年前に出版いたしました前書『禅が教えてくれる　美しい人をつくる「所作」の基本』は、ほんとうに多くの方々にご愛読いただいています。このうえのないよろこび。あらためて読者のみなさん方に感謝申し上げます。

今回は、前書を発展させたかたちで、より具体的なことがらも執筆させていただきました。また、禅についても一歩踏み込んだ内容とし、よりご理解を深めていただけるようにつとめたつもりです。

前書を通して、せっかく「禅」と「所作」に興味を持っていただけたのですから、さらにその理解を深める一冊を書かなければならないと考えたからです。「かたちを整える」ことから始めるのは大切ですが、そもそもそれは、理解し、身につけて欲しい「智慧」が、その先にあるからこそ。そのゴールへの道筋を、つけたいと思ったのでした。

もとより禅は、人々が心穏やかに、生き生きと暮らすことを目指し、物事の本質に迫っていく仏教哲学的実践です。毎日の暮らしのなかで「行」として実践し、いま、生きていられることのありがたさと、よろこびを身体全体で体得していくものということができます。

禅では「威儀即仏法　作法是宗旨」といいますが、食事や入浴、洗面などすべての立ち居ふるまいには、みな深い意味があり、「行住坐臥」、つまり、人のおこなうすべての立ち居ふるまいの作法以外に仏法の極意はない、と説きます。言葉を換えれば、すべての立ち居ふるまい、すなわち、「所作」が坐禅と一致すると考えるのです。

つまり、坐禅が日常生活のすべての立ち居ふるまいに展開されているということ。禅にとって、坐禅はもっとも大事な修行のひとつですが、所作を整えることで、坐禅と同じ境地をつかむことができるといっていいでしょう。

このような禅の立場から、日常生活の所作を整えることは、仏法の極意を会得することにつながっているといえるのです。整った所作は、人生の真理を知るための小さな第一歩であり、所作を重ねることでしか、真理に沿って生きる「智慧」、人生を輝かせる「智慧」は身につかない、とするのが禅の風光です。

もうひとつ、禅は「とどまらない」ということを教えます。時間も、自然も、人も、心も、すべてはとどまらず移ろってゆく、ということ。

美しく生きることを考えるのであれば、一瞬一瞬を、その〝時間〟を、いかに美しくするかに思いを馳せなければなりません。一瞬をおろそかにせず、美しく過ごし、そして、その美しい時間を重ねていくこと。それに尽きると思います。

ですから、今回、「時間」ということも意識して書くことにしたのです。

本書がみなさま方のお役に立ち、心穏やかに、そしていきいきと美しく現代社会を生きていく一助になれば、著者としてこの上のないよろこびであります。

合　掌

二〇一三年　三月吉日

建功寺にて

枡野俊明

文庫版あとがき

二〇一三年春に『禅が教えてくれる　美しい時間をつくる「所作」の智慧』を出版させていただきましてから四年近くの日が経《た》ちました。その間、たくさんの方にお読みいただき、また、多くのご感想をいただきましたことを心から感謝いたしております。

このたび、幻冬舎さんから文庫本にするという大変有り難いお話をいただきました。表題を『美しい「所作」が教えてくれる　幸せの基本』に改めましたのは、手にとってくださった方に、本書の内容をより具体的に知っていただきたいと考えたからです。

人生の幸せは誰もが願うことでしょう。そのためにもっとも大事なことは、どんなときも、どの場所にいても、「いま」という一瞬の時間を精いっぱい生きることです。その一瞬の積み重ねが一日となり、一カ月となり、さらには一年となって、人生を積みあげていくのです。

人生は一瞬の連なりです。では、一瞬を精いっぱい生きるとはどういうことでしょう。すべては「所作」、すなわち、立ち居ふるまいにかかっています。所作を美しくするのです。

たとえば、みなさんは、ものを扱うとき片手ではなく、両手を使っているでしょうか。あまり意識したことがないかもしれませんが、お茶碗を片手で扱うのと両手で扱うのとでは、明らかに違います。

片手ではぞんざいなふるまい、両手を使うと丁寧なふるまいになる。丁寧なふるまいは美しいのです。そこに心がこもるからです。つまり、美しい所作、ふるまいをすることが、お茶碗を扱うその一瞬の時間を丁寧に、心をこめて、精いっぱい生きるということ、そのことに直結しているのです。

一瞬の美しい所作を繋げていきましょう。それは、一日二四時間を丁寧に、心をこめて、精いっぱい生きること。そして、幸せな人生を積みあげるたしかな第一歩です。

本書には、すぐに踏みだせる「第一歩」がふんだんにあります。どこからでも始めてください。それがみなさんの幸せの基本づくりになれば、筆者としてそれ以上の喜びはありません。

合掌

二〇一七年 三月吉日

建功寺方丈にて

枡野俊明

この作品は二〇一三年五月小社より刊行された『禅が教えてくれる
美しい時間をつくる「所作」の智慧』を改題したものです。

美《うつく》しい「所作《しょさ》」が教《おし》えてくれる　幸《しあわ》せの基本《きほん》

枡野俊明《ますのしゅんみょう》

平成29年4月15日　初版発行

発行人――石原正康
編集人――袖山満一子
発行所――株式会社幻冬舎
〒151-0051東京都渋谷区千駄ヶ谷4-9-7
電話　03(5411)6222(営業)
　　　03(5411)6211(編集)
　　振替00120-8-767643

印刷・製本―中央精版印刷株式会社
装丁者――高橋雅之

幻冬舎文庫

ISBN978-4-344-42608-5　C0195　心-5-1

幻冬舎ホームページアドレス　http://www.gentosha.co.jp/
この本に関するご意見・ご感想をメールでお寄せいただく場合は、
comment@gentosha.co.jpまで。